ZhanDao
yijing edition

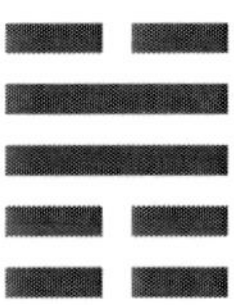

René van Osten

Hexagramm 17 – Die Nachfolge

Vom Nachahmen, dem dienstbaren Unterordnen und den Folgen

ZhanDao
yijing edition

Impressum

René van Osten
akademie@zhandao.de
www.zhandao.de

ZhanDao Edition
im Synergia Verlag, eine Marke der Sentovision GmbH, Münchenstein (CH)
www.zhandao-edition.de | www.synergia-verlag.de

Erschienen im November 2022
Inhalt, Gestaltung, Satz und Layout: René van Osten
Kalligrafie: Ning Wang
Lektorat: Sarah Eichner-van Osten

Coverfoto: stock.adobe.com Datei Nr.: 23778632 by Confetti | Innenfotos: dimitrisvetsikas1969/18021 Pixabay I martinduss Pixabay I Emmerich Fromm Huansshan I Weihnachtskrippe by ChrisGorgio Stock-Illustration-ID:1155613287

Die Deutsche Nationalbibliothek verzeichnet diese Publikation in der Deutschen Nationalbibliografie. Detaillierte bibliografische Daten sind im Internet über www.dnb.de abrufbar.

ISBN 978-3-907246-82-5

Mein Dank geht an die Mitglieder des Freundeskreises des Yì Jīng und die Teilnehmer der Zeitfensterseminare, die dieses Projekt unterstützt haben. Ebenso an meinen Verleger Alex Beckmann und den Synergia Verlag.

Inhaltsverzeichnis

Vorwort

Kapitel I
Grundlegende Bilder zum Zeichen

Kapitel II
Vertiefung der Thematik

KAPITEL III

Die synchronistische Dimension der Nachfolge

KAPITEL IV

Das Thema der Nachfolge in den unterschiedlichen Lebensbereichen

KAPITEL V

Die sechs Linien der Nachfolge

„Mangel in der Person, gleich mangelhafte Welt,
gleich mangelhaftes Gegenüber, gleich Anhänglichkeit an Dinge,
die dienlich sind, um diesen Mangel auszugleichen.“
René van Osten

Vorwort

Dieses Studienbüchlein ist Teil einer ganzen Reihe, die unter der Überschreibung „Die Muster des Lebens in den Wandlungen des Yì Jīng“ erscheinen. Es soll damit gezeigt werden, dass sich im Buch der Wandlungen, dem Yì Jīng (I Ging), alle Themen des Lebens wiederfinden. Richtig durchleuchtet und aufgeschlossen ist es eine Schatzkammer der Weisheit, die verlässliche Hilfe und Anleitung zur Lebenssicht und Lebenshaltung gibt. Weil sich in seinen 64 Hexagrammen das ganze bewegte Leben und damit alle Themen des Menschseins finden, ist es unendlich tief und auf beeindruckende Art und Weise in der Lage, die großen Zusammenhänge deutlich zu machen.

Es ist zu Recht das vielleicht bedeutendste Weisheitsbuch der Menschheitsgeschichte, blickt es doch auf ein mehrtausendjähriges Bestehen zurück und ist damit wahrlich an der Wurzel bewusster Daseinsgeschichte zu Hause. Es liegt also nahe, seine 64 Hexagrammbilder nicht nur als komprimierte Textsammlung innerhalb eines Buches darzulegen, sondern sich jedem Einzelnen umfassender zu widmen. Dies soll durch dieses und weitere Reihenbüchlein geschehen.

Weil das Yì Jīng im besten Sinne alltagstauglich ist, habe ich nicht nur auf die ausführliche Darlegung der Thematik im Sinne von Bewusstsein und Lebenshaltung Wert gelegt, sondern auch auf die Einbindung der jeweiligen Themen in die Zeitverläufe der Jahre und der Tage. Die chinesische Astrologie basiert auf dem sechziger Zyklus der Wiederholungen, der sich durch das Zusammenwirken der sogenannten Himmelsstämme und Erdenzweige ergibt. Diesem Kreislauf der Abläufe sind auch die Hexagramme zugeordnet. Es lassen sich damit ganz konkrete Aussagen über die Qualitäten und Bedingungen von Zeitfenstern machen und dies in allen Bereichen des menschlichen Seins.

Insofern sind die ebenso beigefügten Textpassagen, in Bezug auf bestimmte Zeitfenster, als allgemeine Beschreibungsmerkmale von Umständen zu verstehen, die mit der Nachfolge in Verbindung stehen.

Ich wünsche allen Lesern/Innen viel Freude und gute Einsichten
beim Lesen und Studieren.

Kirnbach, den 17. Oktober 2022

René van Osten

Das Schriftzeichen Suí

Das Schriftzeichen Suí setzt sich aus drei Bildern zusammen: Auf der linken Seite steht das antike Zeichen für Gehen. An dessen Spitze sieht man drei nach oben gebogene Striche, die drei Fußabdrücke darstellen. Unterhalb dieser Fußabdrücke steht das Schriftzeichen für Stop, Zhi. In der Mitte befinden sich drei Wimpel mit einer Quaste an der Spitze einer Stange, was auf die Standarte eines Königs hinweist. Auf der rechten Seite hält ein Wächter eine Waffe über seinen Kopf, wobei ein Fuß den Boden berührt und der andere im Begriff ist aufzutreten - er folgt marschierend den Wimpeln. Dies ist das Bild des Aufmarsches eines Oberbefehlshabers mit begleitenden und nachfolgenden Wachen.

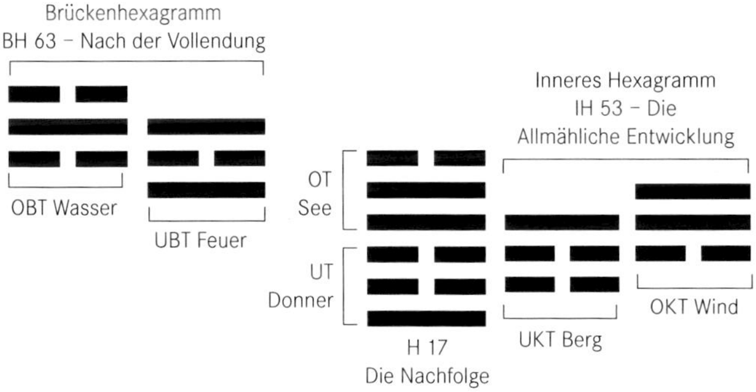

UT = UNTERES TRIGRAMM: ZHÈN – DER ERSCHÜTTERNDE DONNER
Der Same der Elternschaft, das essenzielle Jing, die Basis, der Start, die treibende Kraft, der Fuß, die Triebkraft, die Kindheit, das Angeborene

OT = OBERES TRIGRAMM: DUÌ – DER HEITERE SEE
Der Mund, das fühlende Ich, die Person, das Handlungsvermögen, die charakterliche Erbanlage, das Lautgebende, der Ausdruck

UKT = UNTERES KERNTRIGRAMM: GÈN – DER STILLEHALTENDE BERG
Die Form, der substanzielle Wert, Stopp, der Körper, das Verfestigte, die Haltung, das Zurückweisen, die Hand und die Stabilität

OKT = OBERES KERNTRIGRAMM: XÙN – DER SANFTE WIND
Die geistige Rückbindung, die Einflussnahme, das Durchdringungsvermögen, das Subtile und Sensitive, die innere Kultur

UBT = UNTERES BRÜCKENTRIGRAMM: LÍ – DAS HAFTENDE FEUER
Der Bewusstseinsgeist Shen, das sehende Auge, der denkende Verstand, der Blitz, die Waffen, das Abhängige und Rationale, das Erhellende

OBT = OBERES BRÜCKENTRIGRAMM: KAN – DAS ABGRÜNDIGE WASSER
Das Abgründige, das Geheimnisvolle, das Nährende, die Wesensnatur des Selbst, das Speicherbewusstsein, das Ungewisse, das Reservoir, die Niere

IH = INNERES HEXAGRAMM 53 - Die allmähliche Entwicklung

Ergibt sich aus der Kombination des unteren und des oberen Kerntrigramms und erklärt den etwas tieferliegenden Hintergrund der Thematik.

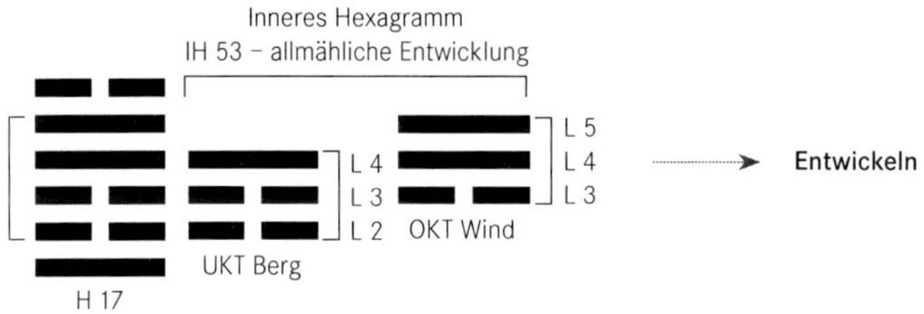

BH = BRÜCKENHEXAGRAMM 63 - Nach der Vollendung

Ergibt sich aus der Kombination des unteren und des oberen Brückentrigramms. Es verbindet das Außen mit dem Innen und das Oben mit dem Unten und beschreibt damit den thematischen Überbau des Zeichens.

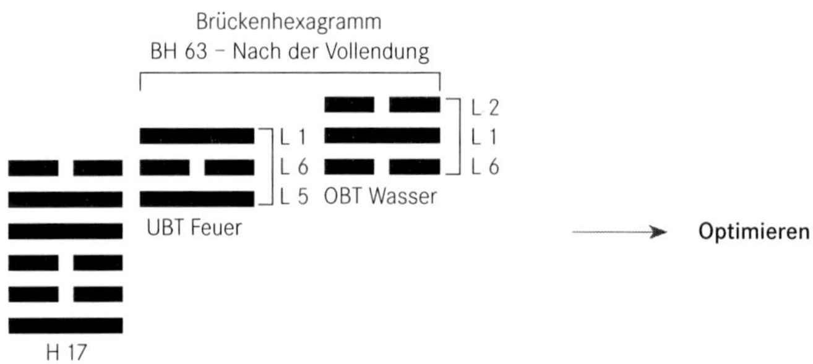

UH = UMGEKEHRTES HEXAGRAMM 18 - Die Arbeit am Verdorbenen

Die Kehrseite der Medaille, das Hexagramm von oben gelesen.

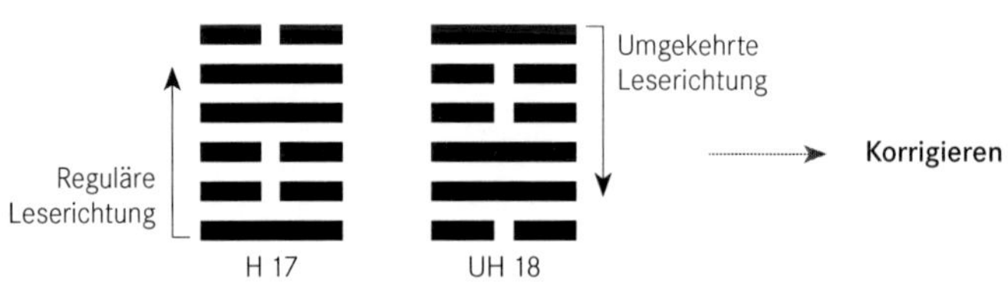

PH = POLARES HEXAGRAMM 18 - Die Arbeit am Verdorbenen

Dem Ausgangshexagramm entgegengesetzt, die polare Ergänzung.
Der vollkommene Ausgleich aller Ebenen von Yīn- und Yáng-Linien.

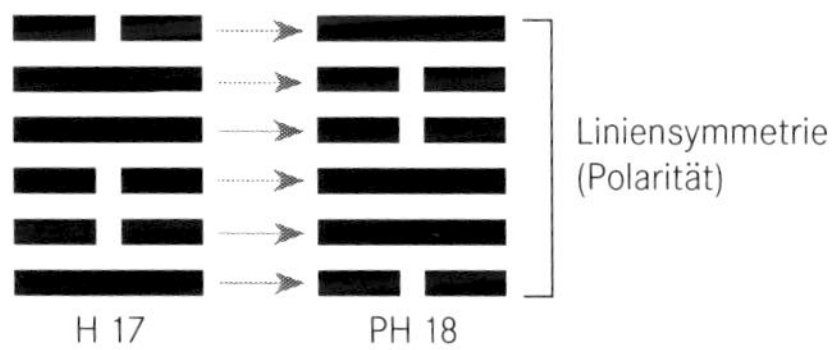

→ **Reformieren**

HT = HEXAGRAMM DES FRÜHEN HIMMELS 63 - Nach der Vollendung

Der Entsprechungswert auf der frühhimmlischen Ebene, die Geistzeichnung oder der energetische Hintergrund.

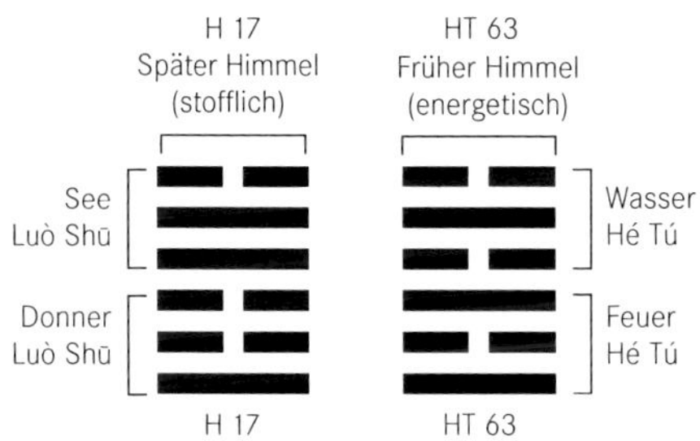

→ **Maximieren**

LH = LINIENHEXAGRAMM

Jeder Linie eines Hexagramms ist ein weiteres Hexagramm zugeordnet.
Es ergibt sich durch Wandlung und ist die Anbindung an eine dem Ausgangszeichen inhärente, verwandte Thematik, die sich im Linienkommentar wiederfindet.

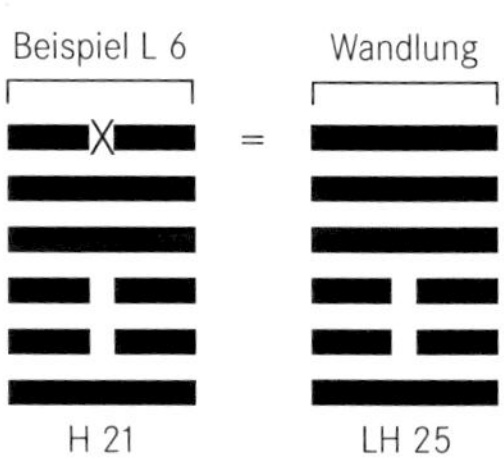

→ H 25 – Die Unschuld inhärent der sechsten Linie von H 17 (Nachfolge ist natürliches Wandeln in den Schuhen des Himmels, was gegeben ist, ist, was ich bin)

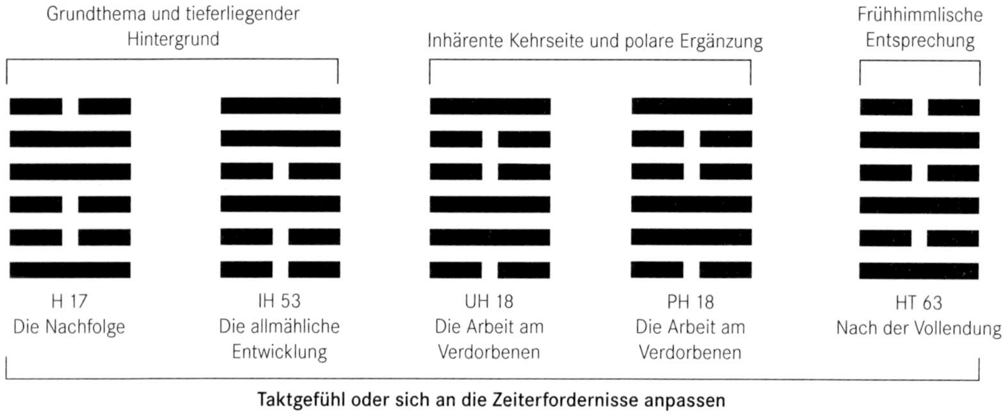

Die Summe von allem führt zum Verstehen des Einen

Das Ausgangszeichen der Betrachtungen ist Hexagramm 17 – Die Nachfolge, das aus den beiden Primärtrigrammen unten Donner und oben See besteht. Dadurch ergeben sich ganz bestimmte Beziehungsmuster zu weiteren Hexagrammen. In Summe erklären diese das Ausgangsthema, hier die Nachfolge in einem größeren Sinnzusammenhang. Im Falle des Inneren, des Umgekehrten und des Brückenhexagramms sind sie dem Ausgangszeichen inhärent, also innewohnend. Das polare Hexagramm dagegen zeigt die gegenteilige, gleichwertige Seite im Sinne des ergänzenden Gleichgewichts, das immerzu besteht.

Das Hexagramm des frühen Himmels ergibt sich durch die übereinandergelegten Positionen der Trigramme in den beiden Himmelsanordnungen. Wo sich im späten Himmel (Luò Shu) der Donner befindet, da findet sich im frühen Himmel (Hé Tú) das Feuer. Der See entspricht dem Wasser des Hé Tú. Dies sind die Entsprechungswerte auf der Ebene der Energie oder der geistigen Ordnung des weltlichen Wandels.

All die auftauchenden „Nebenzeichen" dienen nur dazu, das Hauptthema, in diesem Fall Hexagramm 17 – Die Nachfolge, umfassender zu verstehen. Es zeigt, dass es kein isoliertes Thema unabhängig von anderen Themen gibt, die im verborgenen Hintergrund wirken. Alles hängt mit allem zusammen, ist eingebunden in ein größeres Netzwerk der Abläufe, die sich zwar in einem Vordergrund zeigen, aber durch den Hintergrund leben.

Das Geheimnis der Wandlungen

Die sechs Linien oder auch Ebenen eines Hexagramms sind am besten als Differenzierungen innerhalb des jeweiligen Themas zu verstehen. Im Sinne eines Gemäldes gedacht, könnte man sie als Farbschichten bezeichnen, durch die das Bild seine facettenreichen Tiefen erhält. Das Yì Jīng bezeichnet dies als Ebenen der Wandlung oder anders gesagt, als Bewegungen innerhalb des einzelnen Zeichens, durch die sowohl Vertiefung als auch eine Verbindung zu anderen Zeichen hin deutlich wird. Wandelt man eine der sechs Linien oder nacheinander alle, erscheint ein anderes dieser Ebene zugeordnetes Hexagramm. Ein kausaler Vordergrund mit einem akausalen, synchronistischen Hintergrund.

Taktgefühl
oder sich an die Zeiterfordernisse anpassen

Ganz im Gegensatz zu Hexagramm 54 – Das heiratende Mädchen, wo das erregbare, männliche Temperament die Führung übernimmt *(der erschütternde Donner, der älteste Sohn)*, stellt es sich in der Nachfolge hinter das Gefühlvoll-Weibliche und leistet ihm Gefolgschaft *(oberes Trigramm See, die heitere Tochter Duì)*. Nicht die triebhaft motivierten Leidenschaften übernehmen die Führung, sondern das einfühlsame Element der freundlichen Aufforderung, mit der man andere zur Nachfolge bewegt. Sind es dort die leidenschaftlichen Beziehungsverhältnisse, die durch das charmante Wesen eines jungen Mädchens symbolisiert werden, das sich in der Gefolgschaft eines verführungsstarken Mannes befindet, so werden sie hier der korrekten Ordnung zugeführt. Das initiative Männliche *(das erregbare Lustprinzip)* stellt sich freiwillig unter das gefühlvoll Weibliche *(das Einfühlsame)*, er passt sich an und folgt ihr nach. Es verbirgt sich dahinter die natürliche Ordnung der Rollenverteilung – je nach Anforderung.

Anpassung heißt, durch Sprechen und Schweigen, durch Aktivität und Ruhe, den Zeiterfordernissen Folge zu leisten. Deshalb muss derjenige, der andere zur Nachfolge bewegen will, lernen sich selbst anzupassen, denn nur durch Dienen kommt man zum Herrschen. Stellt man sich also freiwillig in den Dienst des Schwächeren *(man unterstützt dieses mit seiner Kraft)*, so ist das kein Zeichen berechnender Absicht, sondern ein vorbildliches Verhalten, mit dessen Hilfe man freudige Übereinstimmung erreichen kann.

Wollte man aber mit Gewalt oder List die Nachfolge erzwingen, so würde man sicherlich auf Widerstand stoßen. Jede Bewegung ohne wahrhaftige Veranlassung führt zu Unstimmigkeiten, weshalb dauerhafte Erfolge nur durch Beharrlichkeit im Rechten und Guten, d. h. an die Umstände angepasst, erreicht werden können. Sowohl vom Führenden als auch vom Geführten sind deshalb Taktgefühl und gegenseitige Rücksichtnahme gefordert. So darf sich weder das Schwächere überheblich gegenüber dem anpassungswilligen Starken zeigen, noch umgekehrt das Starke in zynischer und herablassender Art dem Schwächeren demonstrieren, dass es unterlegen ist.

Sind es also einzig und allein lustbetonte Motive, denen man gehorcht *(leicht erregbare Begeisterung, der es an Tiefe mangelt, berechnende Absichten)*, wird man immer wieder der Gefahr unterliegen, den falschen Dingen anzuhängen. Egal, ob blinde oder überspannte Begeisterung in der Nachfolge, beides kann sehr schnell ins Verderben führen. Man spricht nicht mehr die eigene Sprache, sondern richtet sich wie ein Fähnlein im Wind nach momentanen Trends oder den herrschenden Meinungen. Gerade eine solche schwächliche oder auch gutmütige Verführbarkeit wird gerne von Menschen mit egoistischen Absichten ausgenutzt, die es verstehen, sich durch freundliches und motivierendes Auftreten in die labile Gefühlswelt einzuschleichen. Dank ihrer feinen Sprachkünste können diese verführerischen Absichten nach außen kaschiert und ganz subtil zur Versklavung eingesetzt werden *(sie verstehen es, sich an die Schwächen durch Verstellung anzupassen und die anderen auf ihre Seite zu ziehen)*. Der wahre Charakter kommt erst später zum Vorschein.

Bezieht man den natürlichen Sinn des Zeichens auf die Wesensstruktur der eigenen Person, so ist es der vitale Geist als energische Yáng-Kraft, der sich dem sensiblen Yīn der Gefühle unterordnet. Nicht mehr der triebhafte *(unbeherrschte, energische, impulsive)* Charakter des Männlichen übernimmt das Feld, sondern die einfühlsameren Anteile der weiblichen Natur. Der Mann folgt der Stimme des Gefühlvoll-Weiblichen in sich, die Frau den initiativen Impulsen maskuliner Anregung. Es wird also ein Ausgleich geschaffen zwischen impulsiver Durchsetzungskraft und gefühlvoller Motivation. Das Eine nimmt sich zugunsten des Anderen zurück, wodurch beide eine Bereicherung erfahren. Was letztendlich erreicht werden soll, ist ein gefestigter Fortschritt durch beharrliche Anpassung an die Erfordernisse der Zeit.

Aus Yi Jing – Das Buch vom Leben von Rene van Osten,
Erschienen im Windpferd Verlag

Kapitel I:

Grundlegende Bilder zum Zeichen der Nachfolge

„Ohren, Augen, Sehen, Hören sind die Diebe des Äußeren.
Gefühle, Begierden, Selbstbewusstheit sind die Diebe des Innern.
Erst wenn der Alte, der der Herr im Hause ist,
Weisen Herzens und ungetrübt von Begehren
Allein im Tempel sitzt,
Werden die Diebe in Hausknechte verwandelt.“

Hung Ying-Ming (Hóng Zìchéng), Vom weisen Umgang mit der Welt, O. W. Barth Verlag

1. Der Zeichensinn der Nachfolge

Die expansive Kraft des Donners befindet sich unter dem heiteren Charakter des Sees und wird von ihm geführt. Die drängenden Kräfte der zurückliegenden Frühlingszeit räumen das Feld zugunsten des Herbstes. Der Donner-Same hat sich erfüllt, es wird geerntet. Man könnte es auch im Sinne von „ein Opfer bringen“ verstehen. Es findet sich hier das natürliche Prinzip der Nachfolge durch Anpassung an die Erfordernisse der Zeit.

2. Das Schriftzeichen Suí

Das Schriftzeichen Suí setzt sich aus drei Bildern zusammen: Auf der linken Seite steht das antike Zeichen für Gehen. An dessen Spitze sieht man drei nach oben gebogene Striche, die drei Fußabdrücke darstellen. Unterhalb dieser Fußabdrücke steht das Schriftzeichen für Stop, Zhi. In der Mitte befinden sich drei Wimpel mit einer Quaste an der Spitze einer Stange, was auf die Standarte eines Königs hinweist. Auf der rechten Seite hält ein Wächter eine Waffe über seinen Kopf, wobei ein Fuß den Boden berührt und der andere im Begriff ist aufzutreten - er folgt marschierend den Wimpeln. Dies ist das Bild des Aufmarsches eines Oberbefehlshabers mit begleitenden und nachfolgenden Wachen.

3. Einige Attribute zur Nachfolge

Verfolgen, Opferhaltung, Fügsamkeit, unterordnen, gehorchen, fesseln, an der Leine führen, ein Opfer bringen, Nachfolger, in die Fußstapfen treten von, Anhängen, folgsam sein, Anpassen, zeitdienlich, Dienen, Pflichttreue, Rücksichtnahme, sich unterstellen, herunterbegeben, Nachahmung, Versklavung, gläubige Anhänger haben, gehorchen, zugänglich sein, imitieren, Taktgefühl, ausrichten nach, angleichen.

3. Das Urteil und das Bild zum Zeichen nach Richard Wilhelm

3.1 Das Urteil

Die Nachfolge hat erhabenes Gelingen.
Fördernd ist Beharrlichkeit. Kein Makel.

Um Nachfolge zu erreichen, muß man selbst erst sich anzupassen verstehen. Nur durch Dienen kommt man zum Herrschen; denn nur so erlangt man die freudige Zustimmung der Unteren, die zur Nachfolge nötig ist. Wo durch List oder Gewalt, Verschwörung oder Parteiung Nachfolge erzwungen werden soll, da regt sich immer Widerstand, der die bereitwillige Nachfolge verhindert.

Freudige Bewegung kann aber auch zu Üblem führen. Darum wird als Bedingung beigefügt: Fördernd ist Beharrlichkeit, d. h. Konsequenz im Rechten, und ohne Makel. Ebenso wie man selbst nur unter dieser Bedingung Nachfolge verlangen soll, darf man auch andern nur unter dieser Bedingung folgen, ohne Schaden zu nehmen. Der Gedanke der Nachfolge unter Anpassung an das, was die Zeit erfordert, ist groß und wichtig, daher lautet auch das beigefügte Urteil so günstig.

3.2 Das Bild

Inmitten des Sees ist der Donner:
das Bild der Nachfolge. So kehrt der Edle zur Zeit des
Abenddunkels zu Erholung und Ruhe ein.

Im Herbst zieht sich die Elektrizität wieder in die Erde zurück und ruht. Der Donner inmitten des Sees ist als Bild genommen nicht der Donner in Bewegung, sondern der Donner der Winterruhe. Nachfolge ergibt sich aus diesem Bild in dem Sinn der Anpassung an die Zeiterfordernisse. Der Donner inmitten des Sees deutet auf Zeiten des Dunkels und der Ruhe. So gönnt sich der Edle, nachdem er den Tag über unermüdlich tätig war, zur Nachtzeit Erholung und Ruhe. Jede Lage wird nur dann gut, wenn man sich ihr anzupassen vermag und nicht durch falschen Widerstand sich aufreibt.

4. Das Danach folgt immer einem Davor

Unabhängig davon, ob das Zeichen 17 – Die Nachfolge astrologisch gesehen im Reigen der Himmelsstämme und Erdenzweige dem Durchbeißen folgt oder als solches betrachtet wird, es ist ein fundamentales Thema, dass man sich gründlich verinnerlichen sollte. An sich klingt der Begriff der Nachfolge harmlos, doch das täuscht, denn die Kehrseite verweist auf Hexagramm 18 – Die Arbeit am Verdorbenen mit dem Thema der Übertragungen. Was damit gemeint ist, sind die anhaftenden Glaubens-, Denk- und Verhaltensmuster von Vater und Mutter. Die Trugschlüsse der Selbst- und der Weltbetrachtung und die Rückbindung an Traditionen, die verschiedene Handhabungen im Lebensalltag bestimmen. Ein Nachfolger ist jemand, der in die Fußstapfen von etwas Vorhergegangenem tritt. Unkritisch, folgsam oder in klarer Erkenntnis des Wahren und Guten, wie es das Yi Jing auszudrücken vermag. Auf jeden Fall ist das Folgen eine Reaktion auf eine Vorgabe, die gemacht wurde. Sei es von Vater und Mutter, sei es von politischen Weisungen oder vorhandenen Gefühls- und Denkmustern, die auf Vorstellungen, Wünschen und Bedürfnissen beruhen.

Um das Nachfolgende oder anders gesagt, die Folgen zu verstehen, müssen wir uns das Davor verinnerlichen. Dies im gesellschaftlich-geschichtlichen, aber auch im persönlichen Sinne. Um das zu tun, braucht es der Rückschau durch die letzten 60 Jahre und natürlich der eigenen Lebenszeit, denn immer folgt dem einen das andere - oder sind sich beide jeweils inhärent? Wir sind Nachfolger, können also nichts für ein Davor. Entgehen uns die Konsequenzen eines Jetzt im danach oder ist das danach schon im Jetzt vorhanden? Ja, das ist es aber zeitlich getrennt, denn sonst wäre Entwicklung ein Zufallsprinzip und das ist es nicht. Die Folgen von etwas, von einer Handlung, sind Teil der Handlung, denn sie beruhen auf angelegten Anteilen, die eine solche Handlung unausweichlich machen. Man folgt dem, was einem anhängt und wer hat es angehängt?

Das Danach folgt immer einem Davor. Und da gibt es bezüglich des menschlichen Wesens und seiner psychischen Struktur einiges an Gaben zuvor, weit zuvor und lange verschleppt. Sie hängen uns an und machen uns anhänglich und abhängig wie ein Anhänger an eine Zugmaschine, der sich ohne sie nicht selbstständig bewegen kann. Identifikation aus Mangel an selbstbestimmtem Format oder Bedürftigkeit ist das Ergebnis und dies kann sehr gefährlich werden. Anhänger hängen etwas an, von dem sie sich etwas versprechen, das ihren eigenen Mangel, ihren Frust oder ihren gekränkten Selbstwert aufwerten kann. Auch der sogenannte Gewöhnungseffekt kann als Passung fungieren und dies kann so weit gehen, dass man es eben über sich ergehen lässt. Selbst an den Status quo von Krieg, Gewalt, Zerstörung, Unterdrückung, Ausbeutung und gesellschaftlicher Verrohung und Verdummung kann der Mensch sich angleichen, sich gleichgültig machen, weil ihm das Muster dazu als unreflektiertes Mitbringsel der eigenen Ahnen- und Familiengeschichte anhängt.

Denken wir nur an die Gehirnwäsche der vergangenen Jahre, der sogenannten „Corona-Krise" und all dem, was sich in Folge davon einschleichen konnte und jetzt blind als Normalität gehandhabt wird. Der Mensch ist ein folgsames Wesen. Er folgt dem, was er glaubt, das er ist, und entsprechend dem hängt er anderen Dingen und Glaubensmustern an. Er glaubt, weil er ein Gebundener in Glaubensmustern ist. Wir sind alle Nachfolger von etwas davor, von etwas, das uns ins „Erbgut" gebrannt wurde und woran sich alle Leidenschaften, Vorstellungen, Wünsche und Bedürfnisse entzünden. Was dem Durchbeißen folgt, ist also eine unerbittliche Offenlegung von Wahrheiten, die das Thema der blinden Nachfolge und den Folgen davon beleuchten.

In klarer Erkenntnis der prägenden Hintergründe, der gelungenen Integration des unbewusst herrschenden Schattenregiments wird es zum dienstbaren Unterordnen an gegebene Notwendigkeiten, also einem sozialen Aspekt, der das Wichtige, das Richtige und das Nützliche im Sinne eines übergeordneten Wertes klar erkennt und dementsprechend handelt. Wahrlich ein fundamentales und lernintensives Thema, das große Chancen zur Reduzierung weiterer, global unguter Folgen in sich trägt.

5. Die Dynamik des Zeichens in der Abfolge der Primärtrigramme

Lingua/Hex-Code 1: Die Saat des Frühlings und die Früchte des Herbstes

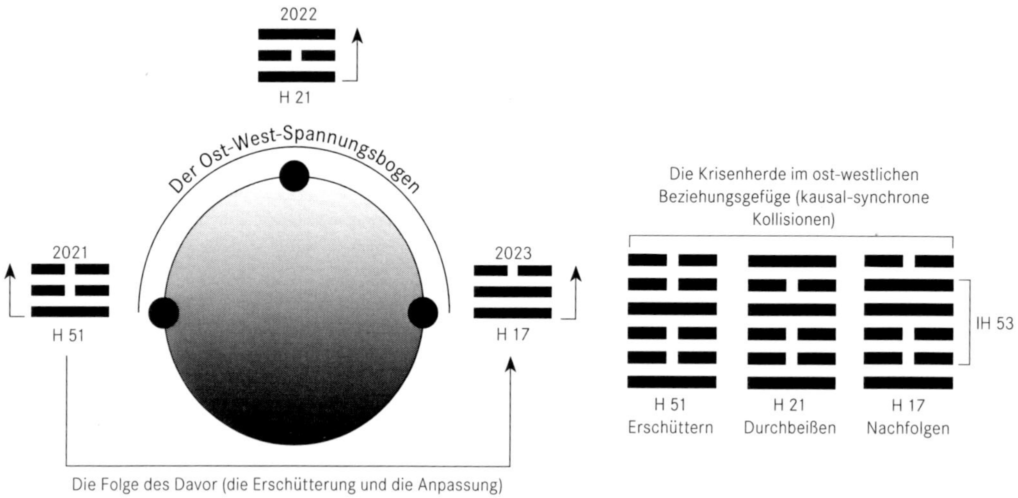

Die Abfolge der beteiligten Trigramme von Dschen, dem erregenden Donner und Dui, dem heiteren See, stellt eine Ost-West oder Frühling-Herbst-Verbindung dar. Dies entsprechend dem oberen Halbkreis der späthimmlischen Ordnung des Luo Shu. Vom Donner des Frühlings, zum Feuer des Sommers und dem See von Dui im Herbst, so die kardinale Abfolge. Einiges lässt sich daraus für die menschliche Entwicklung ableiten. Und tatsächlich ist das innere Hexagramm der Nachfolge, das Zeichen 53, die allmähliche Entwicklung. Was gegeben ist, zeigt sich im Ergebnis. Was allerdings einige Eskapaden im Wind- und Erde-Prinzip dazwischen zeigt.

So steht der erregende Donner im Osten für die Jugend, der heitere See im Westen für die Fülle. Die Jugend unterstellt sich der Fülle des Lebens, der Frühling dem Herbst. Das Drängend-Expansive steht zurück, das freundlich Heitere übernimmt die Führung. Vielleicht erklärt sich daraus die Aussage des Yi Jing, man möge dem „Guten und Wahren" folgen. So das eine Bild und nun ein paar weitere.

Der Mund (Dui) ist der Fürsprecher der im Samen verankerten, essenziellen Anlage (Dschen). Und das ist korrekt, wie es das Brückenhexagramme 63 nach der Vollendung bestätigt. Das Ich-Gefühl ist der dominante Ausdrucksort der Trieb-Anlage. Deshalb die allseits bekannte Aussage, man solle seinen Gefühlen folgen. Doch das kann trügerisch sein, wie es das umgekehrte Hexagramm 18 – Die Arbeit am Verdorbenen deutlich macht

Lingua/Hex-Code 2: Die Verwirklichung des himmlischen Auftrages in der Nachfolge

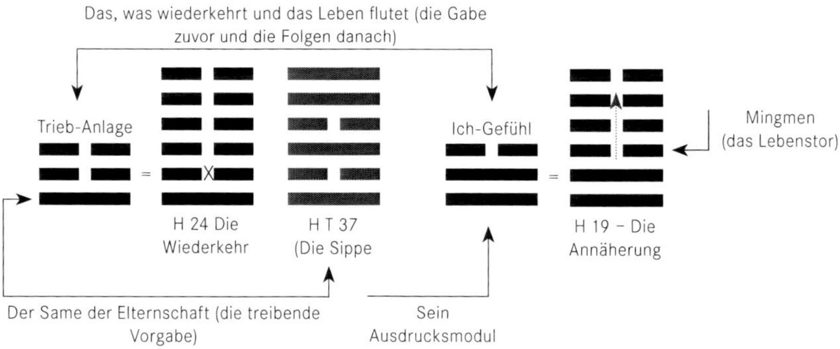

Gefühle sind das Substrat eines Tiegels, der aus Elternschaft und Sippenlinie gebaut ist. Er ist das Modul der Identifikation mit einer Person, die sich als Ich bezeichnet, ohne genau zu wissen, woher sie sich geformt hat. Der Mensch selbst ist ein Nachfolger einer ihn antreibenden Kraft und daran ist nichts falsches. Auch der Herbst ist das organisch konsequente Ergebnis einer Vorgabe, die im Samen des Frühlings gemacht wurde. Dieser Same ist der Same der Elternschaft, während der Herbst die daraus gewonnene Ernte ist. Der Herbst mit all seinen Früchten macht deutlich, was im Samen des Anfangs verborgen lag. Der Mund spricht aus, was die Trieb-Anlage ihm vorgibt. Wessen Eltern Kind man ist, wird an Handlungen, Taten und Verhaltensmustern deutlich gemacht. Sie sind der Ausdruck einer Gefühlslage, die von Wünschen, Bedürfnissen und Ansprüchen dominiert wird. Anders gesagt das Merkmal einer Vorgabe, der man anhängt. Doch was kann anderes sein? Ist es einzig und allein das blinde Anhängen, das Agieren aus einem unbewussten Triebanspruch heraus, der das Ganze so ambivalent-gefährlich werden lässt?

Tauscht man die beiden Bausteine, setzt also den erregenden Donner nach oben und den heiteren See nach unten, dann bestätigt es sich im Zeichen 54 – Das heiratende Mädchen. Bezieht man jetzt noch dessen frühhimmlisches Hexagramm 64 – Vor der Vollendung mit ein, dann sieht man die Trugschlüsse, die darüber wohnen. Der verzerrte Blickwinkel ist das Thema und dennoch: Das frühhimmlische Hexagramm der Nachfolge, heißt 63 – Vor der Vollendung und bezeichnet es als Optimum des Möglichen – mit Entwicklungspotenzial. Das Gute ist immer nur das Bestmögliche und insofern auch eine Sache der Interpretation, der Zeitsituation und letztendlich eben des entwickelten Charakters eines jeden einzelnen.

6. Die Nachfolge im Zeitzyklus der Himmelsstämme und Erdenzweige – Das Jahr 2023

Lingua/Hex-Code 3: Der Pegelhochstand existenzieller Überforderungen

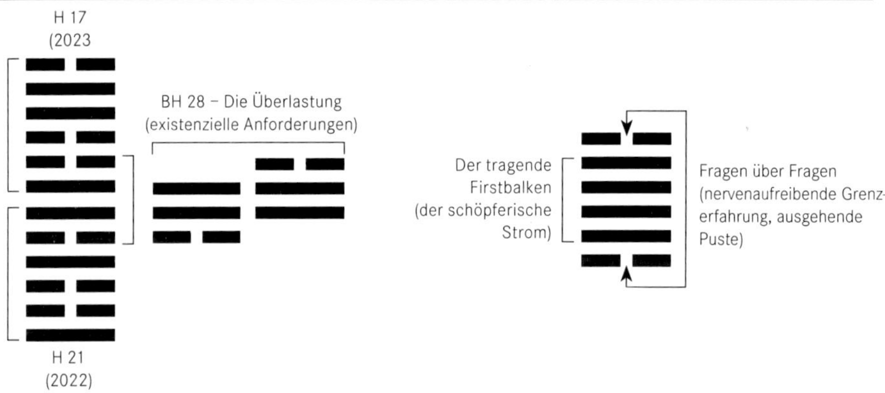

Verbindet man das Thema des Durchbeißens im Jahr 2022 mit der Thematik der Nachfolge in 2023, bildet also eine Brücke zwischen beiden, dann zeigt sich uns dieser Weg im Zeichen 28 - Die Überlastung. Existenzielle Nöte, stressiges Agieren und viele nervenaufreibende Fragen belegen den Lebensalltag. Es geht ins Extrem oder anders gesagt: ans Eingemachte. Wem oder was soll man folgen? Wo geht es hin und wie sieht sie aus, die neue Passung für Leben und Welt? Der tragende Firstbalken der Selbstverständlichkeiten, wie das Yi Jing die fünf Yang zwischen den zwei Yin bezeichnet, wird schwer belastet und so gilt es ihn zu unterfüttern, also neue Antworten auf die Frage zu finden, was einen im Leben wirklich nährt.

Der Wahnsinn alltäglicher, existenzieller Gewohnheiten hat einen Pegelhochstand erreicht, an dem die Menschheit zu ersticken droht. Sie sind zum Selbstläufer geworden, dem man gestresst hinterherrennt, als wären sie Gesetz und Bedingung. Ist das normales, natürliches Leben und Sein? Muss das alles so sein und weshalb? Der Sinn wurde zum Unsinn degradiert und zu einer Überlast an materiellen Notwendigkeiten verdickt. Da gilt es herauszufinden weshalb man den Dingen auf solche Weise anhängt, ihnen entgegenkommt, wie Süchtige, die einen Mangel zu kompensieren haben und nicht genug bekommen können. Herauszufinden, wohin die Entschlossenheit zielt, mit der man Glück und Zufriedenheit erlangen will. Es haben sich Megatonnen an verdickter Sinn-Entfremdung angestaut und der Damm der schützenden Hülle um den Lebensgarten droht einzubrechen.

Es sind also weise Antworten auf gut gestellte Fragen notwendig und diese sind nur in der Hinterfragung der eigenen, existenziellen Gebundenheit zu finden. Was bereitet uns Stress und weshalb? Warum werden die Dinge des Alltags so gehandhabt, wie sie gehandhabt werden und wessen Alltag? Ist der Alltag eine vom Menschen unabhängige Erscheinung, eine Sache an sich, die auch ohne jemanden existiert oder ist dieser Jemand, dieses Ich-Gefühl dieser Alltag? Ist er also etwas Subjektives, dass fälschlicherweise als objektiv empfunden wird? Etwas das aus uns selbst heraus entsteht, entsprechend dem, wie der Mensch mit sich selber verbunden ist? „Die Welt ist ein geistig Ding“, so sagt es Laotse. „Wer sie behandelt, verdirbt sie, wer sie behalten will, verliert sie“

6.1 Die Nebelfelder unreflektierter Zusammenhänge

Der Mensch ist diese Welt. Sie ist eine Spiegelung seines Bewusstseins und je nach dem, wie dieses gefüttert wird, wird diese Welt empfunden, behandelt und gesehen. Mangel in der Person, gleich mangelhafte Welt, gleich mangelhaftes Gegenüber, gleich Anhänglichkeit an Dinge, die dienlich sind, um diesen Mangel auszugleichen. Tatsache ist: Jeder so empfundene Mangel, beruht auf den Nebelfeldern nicht reflektierter Zusammenhänge der eigenen Lebensbedingungen. Wo ist denn die Welt, das Leben und das Gegenüber im Tiefschlaf? Alles ist doch nur, weil da jemand ist, der sich als Ich-Person bezeichnet, die an richtig oder falsch glaubt und dies im Sinne von fehlerhaft und verbesserungswürdig. Doch was und wohin gilt es zu verbessern? Wer ist es, der das behauptet? Ist es nicht lediglich ein gewohntes Gefühl, etwas, das im Menschen wohnt, gleich einer chemischen Substanz, die darin Platz genommen hat? Ungefragt die Hand mit ans Ruder der Lebensbestimmung legt und dauernde Ambivalenz erzeugt? Was ist dieses „gewohnte Gefühl von einem selbst", das diesen „Unfug" erzeugt? Den Menschen also zu einem Anhängsel macht der allem folgt, das diese hungrige Gefühlswelt befriedigen kann. Das sind die Fragen, die zu klären sind, damit die Sandkastenspiele der Erwachsenen zu selbstverantwortlichen Handlungen werden, also auf Antworten beruhen, denen eine geklärte Basis des eigenen Menschseins zu Grunde liegt.

Das im astrologischen Vorfeld der Nachfolge thematisierte Durchbeißen muss ja einen Sinn haben, denn es führt hindurch, führt zu einer zwingenden Wahrheit, der es geradeaus ins Auge zu schauen gilt. Dass dies eine gewaltige Reibung zwischen dem Gewohnten und dem nun Geforderten erzeugt, ist klar und wird als Stress empfunden. Hinein in den Tunnel des Ungewissen und schöpferisch erfrischt wieder heraus, das ist der Sinn, allerdings ist diese Fahrt eine Fahrt hin zu sich selbst und weg von schattengebundenen Gewohnheiten, die sich wie immer in der Menschheitsgeschichte „einfach so" eingeschlichen haben. Medizinisch nennt man es ausschleichen und diese Prozedur ist keine angenehme, denn das Gift hat sich des Organismus bemächtigt und lässt nicht einfach los. Genau dieser Vorgang aber ist der Prozess der Bewusstwerdung, der Integration des Unbekannten ins Hier und Jetzt.

Noch eine interessante Ergänzung: Während die Abfolge der Trigramme im Zeichen der Nachfolge eine Ost-West-Achse im späten Himmel des Luo Shu, also einen 90° Winkel bildet, ist das davor liegende Zeichen des Durchbeißens ein Viertelkreis von 45°, da er im Frühling des Ostens beginnt und im Sommer des Südens endet. Insgesamt führt der Weg also vom Same des Anfangs, zur Blüte der Wahrheit im Sommer und endet dann im Fülle-Tiegel der Ernte im Herbst. Was wir in diesem Zeitfensterbogen von 2021 bis 2023 erleben, ist die Entwicklungsgeschichte einer von Erschütterung getragenen Lebensspanne, die sich uns nun im Ergebnis entgegenwirft. Demnach ist es eine kollektiv-globale Aufgabe, die von der Zeit an die Menschen gestellt wird, den Wurzel-Sinn des Daseins neu zu erfassen, also zu hinterfragen, wem oder was es nachzufolgen gilt.

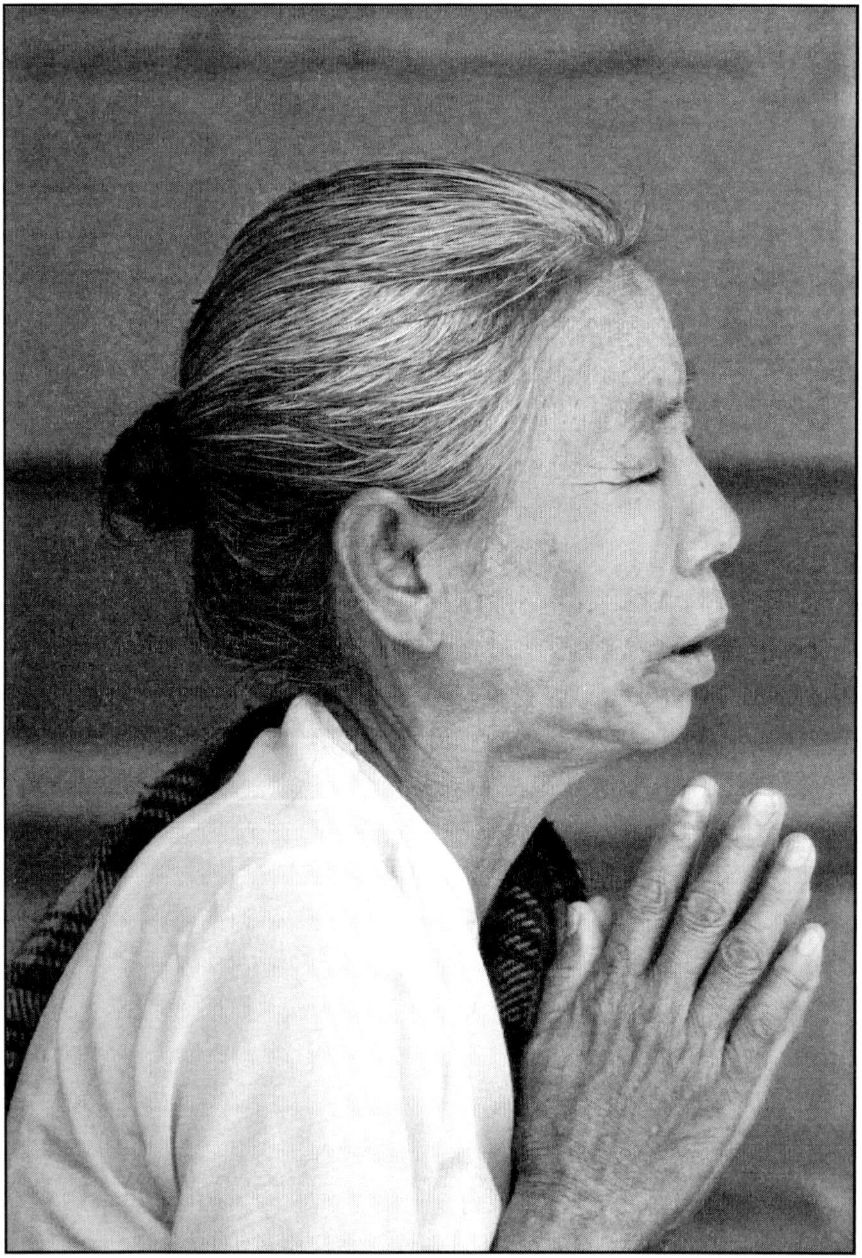

Kapitel II:

Vertiefung der Thematik

„Sieh deine Getriebenheit mit Gelassenheit an,
und du erkennst die Nutzlosigkeit der ganzen Rennerei.
Laß alle Sorgen in innerer Stille los,
Und du merkst, wie im Genuß dieser Stille alles andere
unwichtig wird.“

Hung Ying-Ming (Hóng Zìchéng), Vom weisen Umgang mit der Welt, O. W. Barth Verlag

Lingua/Hex-Code 4: Nur durch Dienen offenbaren sich die eigenen Möglichkeiten

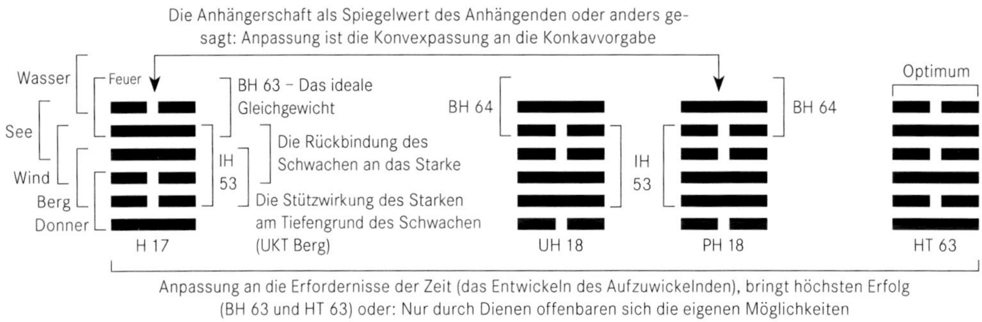

Im Gegensatz zur bausteingleichen Seite von Hexagramm 54 – Das heiratende Mädchen, das den erotisch-sexuellen Triebkomplex der persönlichen Neigungen in den Vordergrund stellt, entbehrt das Zeichen der Nachfolge diesen Mustern im Wesentlichen, schließt es allerdings nicht gänzlich aus, wie es sich in der Gesamtstruktur zeigt. Es ist hier das Prinzip der freiwilligen Gefolgschaft, also der Anpassung an eine als wichtig erachtete Situation, eine Idee, eine Sache oder Menschen, angesprochen. Ein solches Verhalten kann allen Bereichen der menschlichen Beziehungen zur Seite gestellt werden und ist deshalb ein reiner Anlage- oder Charakterspiegel. Man könnte das dynamische Konzept der Nachfolge auch als persönliches Taktgefühl bezeichnen, worin sich dann wieder der subjektive Hintergrund spiegelt.

Sich freiwillig in Diensten zu stellen zeugt natürlich von einer spezifischen „inneren Entwicklung“, die diesen Haltungswert erklärt, bestätigt durch das innere Hexagramm 53 – Die allmähliche Entwicklung. Die Herausforderung, die im Thema der Anpassung verborgen liegt, ist keine geringe, denn dieses „sich einer Sache oder einem anderen zu unterstellen“, lässt aufhorchen und zwingt geradezu zum genaueren Tiefenbetrachten. Sehr schnell zeigen sich dann auch Beziehungsmuster der Unterwürfigkeit und des Nachahmungszwanges oder aber die Anpassung erfolgt in zynisch-herablassender Art und Weise, was genau genommen auf das „Gewürm übertragener Verhaltensweisen“ zurückzuführen ist, wie sie uns im polaren und im umgekehrten Zeichen H 18 – Die Arbeit am Verdorbenen entgegentreten. Taktgefühl ist das Thema und da dieser Takt den Pulsschlag der Zeiterfordernisse anspricht, (UT Donner) ist die Nachgiebigkeit als wichtiges Vermögen der Einfühlsamkeit, ein Thema. „Wer andere zur Nachfolge anleiten will, muss zunächst lernen sich selbst anzupassen, denn nur durch Dienen kommt man zum Herrschen". So gesehen ist dann auch das Vorbildsein ein ernst zu nehmendes Thema und wie weit hier die Aspekte der Vater/Mutter-Bilder hineinspielen dürfte unmittelbar klar werden.

1. Takt und Gefühl in der Tiefenbetrachtung

Schon das Wort Gefühl lässt aufhorchen, denn Fühlen ist unmittelbar verbunden mit der Person und diese ist das Ich, das ein Gefühl hat, das spricht und handelt, das Meinungen vertritt und Wünsche äußert. Fühlen ist der Spiegel des ganzen, menschlichen Dramas und deshalb die Chemie, auf der die Nachfolge im Wesentlichen beruht. Ich fühle mich gut bedeutet, dass etwas stimmig ist, verbunden mit dem Bemühen, dieses stimmige Gefühl aufrecht zu halten, sprich sich mit Dingen zu identifizieren, die dieses Stimmige repräsentieren. Man hängt ihnen sozusagen an, ohne den Ursprung des Gefühls zu kennen. Da ist natürlich das Ego in Hochstimmung und die Vermeidungstaktiken der Erfahrung von Ungut sind voll aktiv. Deshalb braucht es jetzt noch eine genauere Betrachtung des ersten Teils des Begriffs von Taktgefühl, nämlich den Takt.

Wie das Gefühl dem heiteren See von Dui zugeordnet ist, so ist der Takt ein Aspekt von Dschen, dem erregenden Donner. Der Schlagtakt herrscht über das Gefühl, so lautet die hierarchische Ordnung und wird im heiratenden Mädchen auch deutlich gezeigt. Er reißt es mit sich, zwingt es zum Einlassen, zur Heirat und bringt die Leidenschaft hervor, die eben auch Leiden schafft. Der Donner ist der Same aus dem alles hervorgeht, was darin programmatisch verankert ist. Er ist der Same der Elternschaft, was dann im umgekehrten Hexagramm 18 – Die Arbeit am Verdorbenen zum therapeutischen Aspekt der Aufarbeitung der elterlichen Übertragungen wird. Dschen, der erschütternde Donner steht auch für die Essenz Jing, dem Kraftstoff, der den Motor des Herzens betreibt, also dessen Schlagtakt bestimmt. Zudem ist das Herz der Sitz und die Leinwand des Bewusstseins, spiegelt also, was unten angelegt ist. Der Lebenstakt und das daraus resultierende Ich-Gefühl sind eins, was bedeutet, dass Taktgefühl eine geläuterte, also aufgeräumte und bewusstgemachte Basis der Zugehörigkeit voraussetzt, denn nur so ist Nachfolge ohne den Hauptakzent des Ego möglich. Nachgiebigkeit setzt die Fähigkeit des Gebens voraus, ohne gekränktes Ego, das sich zu kurz gekommen oder missverstanden fühlt. Man muss also zunächst für die Passung in sich selbst sorgen, nur dann ist Anpassung eine reife Leistung, da sie sozial und einem größeren dienlich ist.

Dieser reife Aspekt wird im Hexagramm 17 durch die stützende Funktion des UKT Berg gezeigt, denn er ist der gefestigte Wert des expansiven und drängenden Donners, sozusagen die helfende Hand als Resultat der Aufwertung unreflektierter Trieb-Ansprüche. So wird das Ego-Ich der bedürftigen Person zur Persönlichkeit, motiviert von einer integrierten Basis und getragen vom daraus gewonnen Wert, den man Selbstwert nennt.

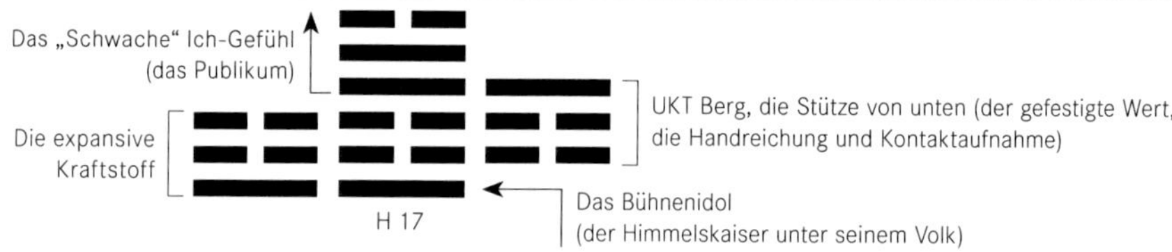

Das Starke, von dem im Zeichen 17 gesprochen wird, ist also ganz vordergründig das Temperamentvolle des UT Donner und natürlich das UKT Berg, das von unten das „Schwache" stützt und zu einer freundlichen Ansprache führt. Nachfolge und Anleitung stehen in einer folgerichtigen Resonanzbeziehung zueinander, denn das Starke bringt eben deshalb voran, weil es Rücksicht nimmt, sich anpasst und die Hand reicht. Die freizügige Kontaktaufnahme des Stärkeren ist ein Vertrauensbeweis für das Schwächere und da das „Geführtwerden" und das Führen ein kollektiver Wesensanteil der lebenden Wesenheiten ist, tritt dieses Resonanzgesetz genau durch diesen Umstand voll in Kraft. Der Kaiser mischt sich unter das Volk, das Bühnenidol reicht die Hand an sein Publikum und die Gefolgschaft wächst.

2. Rücksicht und freundliche Ansprache als Symbole der Stärke

Schon in den beiden Begriffen von stärker und schwächer zeigt sich die natürliche Hierarchie der Lebensentäußerungen, denn stärker bezieht sich auf die Samenbasis des Veranlagten, also der triebdominanten Lebenskraft und schwächer auf dessen Auskristallisierung, das Gefühls-Ich der dementsprechend agierenden Person. Das eine ist abhängig vom anderen, besser gesagt, es geht aus ihm hervor und wird so zum Spiegel des „Starken".

Lingua/Hex-Code 5: Das Davor ist die Stütze des Danach

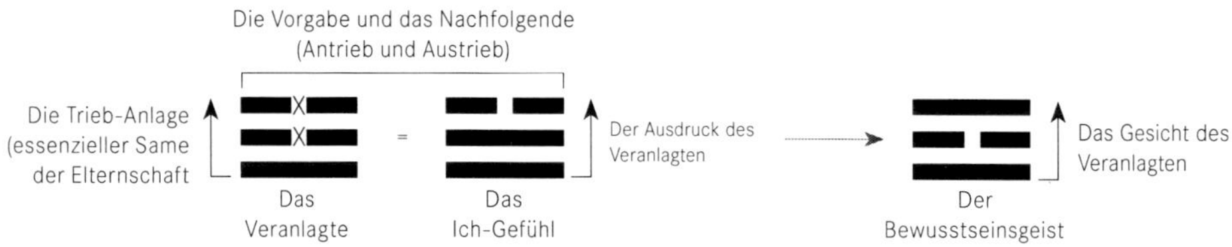

In einem Verhältnis, in dem die individuellen Bedingungen geklärt und vollkommen in das bewusste Sein integriert sind, steht das Dominant-Expansive im Hintergrund, wird also zum Diener derjenigen Stelle, durch die es zum Ausdruck kommt. Hier ist das zuhause, was im Yi Jing als „das Gute und Wahre" bezeichnet wird. Man ist eins, mit dem, was man ist und deshalb in der Wahrheit stehend. Keine Anpassung, weil man sich etwas verspricht, keine Nachfolge, um einen Mangel zu kompensieren, kein Folgen, weil alle Folgen familiärer Übertragungen aufgewertet, also bearbeitet sind. Der Triebkomplex der angeborenen Samenkraft wird zur Stütze des Ich-Ausdrucks und das Folgen zeigt sich als integrierter Wert, der ein großes Ganzes im Blickfeld behält.

Da also die Beziehungsverhältnisse zwischen Starken und Schwachen, dem Männlichen und dem Weiblichen, in jeder Phase des Miteinanders eine naturgesetzliche Regelung aufweisen, sind sie vollkommen, wie das Brücken- und das frühhimmlische Hexagramme 63, zeigen, allerdings immer nur als Teilerfolg in Zeit und dies zeigt deutlich, dass Folge leisten und Anleitung zur Gefolgschaft, der dauernden Bearbeitung des Menschenackers an Schieflagen erfordert, aber genau deshalb ist es vollkommen im Sinne dessen was bewirkt werden soll. Überzeugen geschieht auf der Ebene der Anpassung und Rücksichtnahme (H 31, H 53 und H 17), während das Führen und Erfüllen auf der Ebene des Beherrschens vonstatten geht .

Soll also etwas erreicht werden, so sind es vor allem die Erfordernisse der Zeit, an die man sich anzupassen hat, denn diese sind entwicklungsbedingte Entäußerungen der sich bewegenden Natur. Hier allerdings sollten wir doch noch etwas intensiver den Blickwinkel auf das spezifisch menschliche der Thematik richten, denn dort begegnen uns auch die Sprachkünste und Unterwürfigkeitsbezeugungen, die sich im Haushalt des Gefühls-Ich zu undurchsichtigen und verdorbenen Absichten verdichtet haben und auf willige Opfer lauern.

Eine große Gefolgschaft oder linientreue Anhänger, das hebt das eigene Selbstwertgefühl, da es ja Bestätigung durch das andere erfährt. Dem, was ich Folge leiste oder das, durch was ich Gefolgschaft gewinne, ist das, was durch das stets vollkommene Gleichgewicht wirkender Kräfte in Zeit seine Richtigkeit hat. Es ist das organisierte Wechselspiel zwischen den Mechanismen des Lebendigen, denn analysieren wir die Struktur des Zeichens H 17 etwas genauer, dann finden wir die Einzelkomponenten des Szenarios in sich gegenseitig durchdringender Symmetrie.

Lingua/Hex-Code 6: Es ist nicht wirklich etwas das fehlt

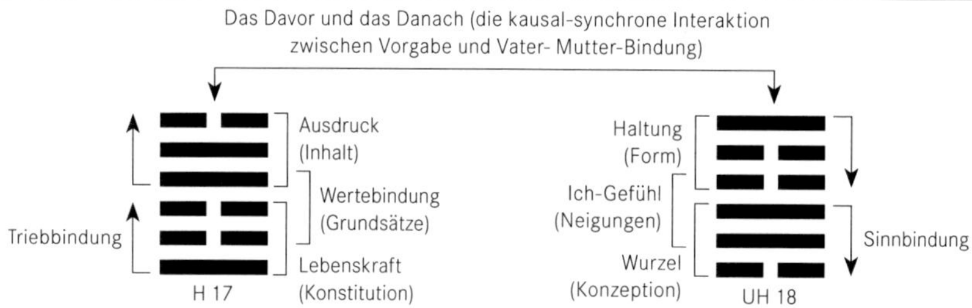

Dem unteren Trigramm Donner in H 17, steht das untere Trigramm Wind in H 18 ausgleichend entgegen. Dem unteren Kerntrigramm Berg in H 17, steht das untere Kerntrigramm See in H 18 ausgleichend zur Seite. Dem oberen Trigramm See in H 17, steht das obere Trigramm Berg ausgleichend zur Seite. Allen Aspekten, durch die Nachfolge beschrieben wird, steht das bewusstseinsfördernde Aufarbeiten des Warum, Wozu und Woher im Zeichen 18 zur Seite. Sind hier wild agierende Übertragungen am Wirken, dann wird die Nachfolge, also das Anhängen an etwas, immer auf dem unbewussten Versuch basieren, etwas zu kompensieren und damit einen Mangel auszugleichen, was in Abhängigkeit führt.

Ob man es nun glauben möchte oder nicht. Ein solcher Mangel ist auf keine bloße Kausalität eines elterlichen Versäumnisses in der Kindheit und Jugend zurückzuführen, auch wenn das immerzu als Erklärung herhalten muss. Dass dieser so bezeichnete Mangel als seelisch-geistiges Symptom erscheint, basiert auf der Veranlagung, also dem Rückbezug an die Linie und das große Kollektiv, durch das Menschsein beschrieben wird. Es ist nicht wirklich etwas, das fehlt, das falsch ist oder versäumt wurde. All diese, vom Ich kritisierten Fehlbelegungen, sind in Wahrheit das Kapital, durch das sich das Nachfolgende zum individuellen Einzelaspekt des Davor entwickelt. Das Benennen eines Mangels führt zum Versuch diesen auszugleichen und dieser Versuch ist der Weg zur Erkenntnis der wahren Bedingungen.

Das Vermögen, sich anzupassen, ohne sich selbst zu verbiegen, basiert also auf dem geklärten Hintergrund der spezifischen Veranlagung, die in die essenzielle Basis des Individuums eingegossen wurde. Der Nachfolger folgt immer dem, was vorgegeben wurde – unbewusst egoistisch oder rücksichtsvoll in sich selbst verbunden. Um das zweite zu erlangen, muss das erste gelebt werden. Nachfolge hat weder einen korrekten noch einen inkorrekten Habitus. Sie ist lediglich eine Bewegung, der eine andere Bewegung vorausgeht. Dies im bewussten Vordergrund zu haben, ist der Schlüssel zur Zufriedenheit.

3. Das alchimistische Prinzip der Nachfolge

Lingua/Hex-Code 7: Man folgt dem, was einen selbst bestimmt

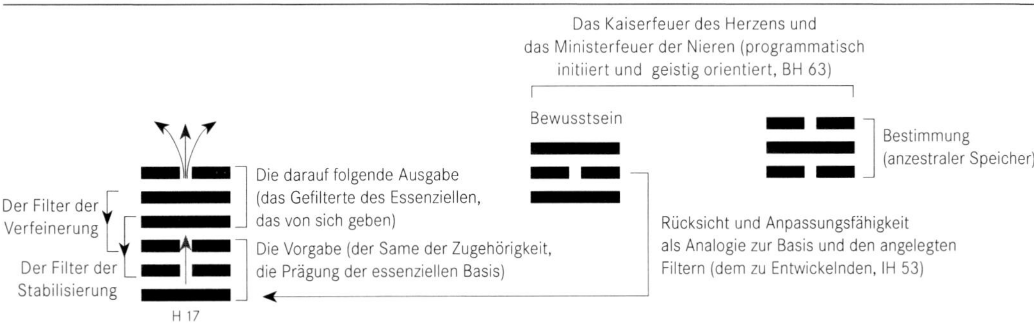

Schon der Begriff „Anpassung" verweist sehr deutlich auf das Passende, sozusagen auf etwas, das zu einem passt und sagt damit, dass es eine Vorgabe gibt, die eine zu dieser Vorgabe passende Ergänzung sucht. Schon das Ich-Gefühl der Person ist eine Passung an die essenzielle Vorgabe der Basis, in der jeder Ton, jede Handlung und jeder Ausdruck definiert ist. Allerdings in roher, expansiver Form bloßer Triebhaftigkeit. Eben ganz einfach Vitalität, die jedoch den Filter der Energie und den belebenden Geist benötigt, um das Sein der Person zu definieren. Diese drücken sich aus im Feuer *(das Bewusstsein)* und im Wasser *(die Bestimmung)*. Beide finden sich im Zeichen 17 an perfekter Stelle, denn sie sind auf „Höheres“ gestimmt und fließen nicht nach unten oder oben aus, was das Brückenhexagramm 63 zum Ausdruck bringt. Man folgt dem nach, was einen selbst bestimmt und wenn dies ein reflektiertes Vorgehen ist, dann wird der Trieb zurückgestellt, was bedeutet, dass nicht das animalische pò der Körperseele die Führung übernimmt *(das heiratende Mädchen bloßer Triebbindung)*, sondern Eros und Logos, Wurzelkraft und Blüte, Feuer und Wasser einander verbunden sind und den Himmelsfluss zu höheren Gefilden zum Fließen bringen *(sie vergießen sich nicht in Triebanspruch und Sinnesauge, sondern führen zurück zur wahren Natur)*.

Im Zeichen selbst wird dieser Hintergrund durch die beteiligten Bausteine deutlich gezeigt. Der Donner ist die veranlagte Essenz, der Same der Elternschaft „Jing“. Er steigt auf zur Ebene des Herzens, wird aber durch zwei „einflussnehmende Filter“ gebremst und verfeinert. Als Ganzes nennt sich dieser Filter, die allmähliche Entwicklung , wie das innere Hexagramm 53 heißt, wobei die Betonung auf allmählich liegt. Diese beiden Filteraspekte sind zum einen der himmlische Wind seelischer Bezüglichkeit, der von oben, dem Palast des Urgeistes herunterweht und dem Tiefengrund des Herzens, der sich in der vierten Linie findet. Sie wiederum bildet den Boden des oberen Trigramms See, getragen vom UKT Berg und ist zugleich der Nährboden der Feuer-Blüte der Erkenntnis. Zusammen also der Ausdruck der im Donner unten veranlagten Essenz.

Lingua/Hex-Code 8: Das Putzen des Spiegels von Ich- und Weltbezug

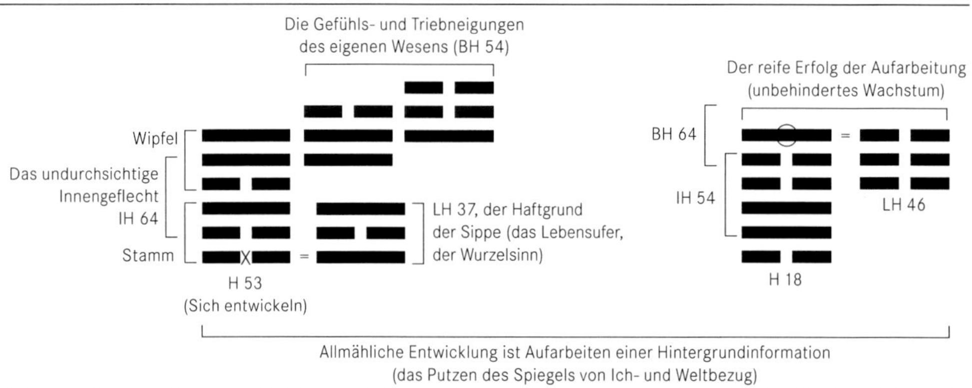

Die allmähliche Entwicklung selbst, stellt einen Baum dar, der aus sumpfigen Niederungen kommend, durch steiniges Gelände und eine klimatisch sehr wechselhafte Umgebung, langsam aber stetig nach oben wächst. Diese Niederungen sind in der Wandlung der ersten Linie als der Nährboden der Sippe von H 37 gezeigt. Der Berg stellt den Stamm und die körperliche Form dar, der Wind die Wipfel und die geistigen Höhen. Dazwischen findet sich das psychische Geflecht undurchsichtiger Einbindungen, das sich vom Wurzelgrund bis zum Wipfel erstreckt. Im Sinnbild eines Baumes, seine Kapillargefäße, in denen der Lebenssaft fließt. So wirken also diese beiden Symbole der Erhebung (Berg) und der Entwicklung (Wind) als Filter in der Nachfolge und immerhin ist die Nachfolge das umgekehrte oder vorausgehende Hexagramm der Arbeit am Verdorbenen, was einen klaren Zusammenhang schafft auf den noch einmal vertiefend eingegangen werden muss.

4. Die Vorgaben als schicksalhafter und zugleich Heil bringender Weg der Nachfolge

Der Mensch wird unter dem zusammengehörigen Bild von Hexagramm 17 und 18, als blinder Nachfolger von Vorgaben dargestellt, auf deren Basis sich sein Ichgefühl, seine Blickwinkel, seine Handlungen, sein Denken und Agieren begründet. Interessant ist, dass die Nachfolge numerisch gesehen vor der Arbeit am Verdorbenen steht, was den zwingenden Hintergrund deutlich macht. Wir sind alle Nachfolger von etwas Vorausgegangenem. Beim ersten Atemzug nach der Geburt werden diese Gaben eines Davor aktiv und binden uns an ein Konzept elterlicher und ahnenspezifischer Vorgaben und gleichzeitig an das kollektive des Möglichen in dieser Zeitspanne des Lebens. Anhänglich sein, so nennt man es dann, an treibende Motive eines nebulösen Hintergrundes *(BH 64 in H 18)*, der versucht uns in ein Leben einzubinden, das so nicht ist, das wir gestalten wollen, das wir verändern wollen. Illusion an sich. Bedürftigkeit und der Wunsch nach Harmonie erwächst daraus und damit die vielen Kämpfe und Krämpfe in den Partnerschaften und natürlich dem Selbstbezug. „Man folge dem Guten und Wahren", so spricht das Yi Ying. Doch was ist das Gute und Wahre?

Man hängt sich an Dinge, die man als wahr, echt und wünschenswert erachtet und macht sich zum Sklaven der Vorgaben, die dies als wünschens- oder begehrenswert verkaufen. Blinde Begeisterung könnte man es nennen, basierend auf dem Lustprinzip der angeborenen Triebneigungen – Übertragungen aus dem Genpool der Vorangegangenen. Ein Anhänger ist immer ein Anhängsel und so lange er als Abhängiger einer Zugmaschine im Glauben einer eigenen Zugkraft lebt, ist er ein Sklave der Anhaftungen, die ihn immer mehr in den Sog der weltlichen Verstrickungen ziehen.

Auf der anderen Seite steht das Nachfolgen aber auch für das Wandeln auf den Spuren des Ursprünglichen und führt dann auf den geheimnisvollen Pfad nach Innen und zu sich selbst, wie es eben in der allmählichen Entwicklung, der Bergkette, die zum Himmel führt, dargelegt wird. Das eine bedingt das andere und so ist das Verdorbene der Führer zum Unverdorbenen und man lernt sich anzupassen ohne sich abhängig zu machen. „Unabhängigkeit ist die verwirklichte Passung an eine höhere Vorgabe in uns selbst".

Lingua/Hex-Code 9: Wir sind sowohl das eine als auch das andere

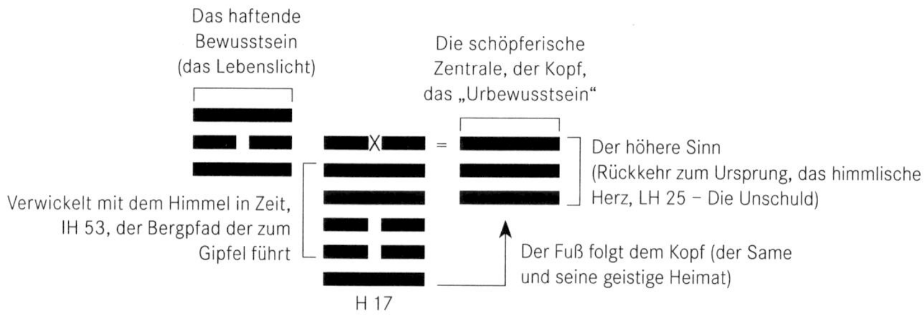

Ein weiterer, sehr interessanter Aspekt der Nachfolge, zeigt sich in der Wandlung der sechsten Linie. Diese führt nämlich zum Trigramm des Himmels und damit zum Zeichen 25 – Die Unschuld oder die Natürlichkeit. Unten ist der Donner, der Same der Elternschaft und des Menschseins an sich. Sein Körperteil ist der Fuß, während der Himmel oben, den Kopf symbolisiert. Von Fuß bis Kopf auf Lebenswandel eingestellt, so könnte man es bezeichnen. Der Mensch wird als Fußabdruck schöpferischer Vorgaben auf der Erde dargestellt. Er wandelt sozusagen in dessen Schuhen, was bedeutet, dass er dessen Vorgaben folgt, ins Leben gebracht durch die Elternschaft.

Was immer wann und wo geschieht, es geschieht in völliger Unschuld, ganz natürlich, der veranlagten Natur entsprechend. Wer oder was im Menschen ist dann schuld? Ist es ein Versäumnis, ist es Unwissenheit, ist es sein bedürftiges Ich-Gefühl, sein Ego-Hunger nach mehr und größer? Die übergroßen Schuhe, die er sich anzieht und die nicht an den Fuß des Gegebenen passen? Ja, das ist es, aber wie und wo lässt sich das ändern? Es ändert sich von selbst durch uns selbst in Zeit. Immer wieder und die dazugehörigen Prozesse, sind das Resultat des reflexiven Bewusstseins, mit dem der Mensch ausgestattet ist und mit dem er Welt und Leben als etwas definiert.

Es wird deutlich, dass es jenseits des haftenden Bewusstseins, sehr weit „oben und sehr weit innen", in der schöpferischen Zentrale des Urgeistes, ein unschuldiges, natürliches „Geistwesen des körperlichen Wesens" in uns gibt. Etwas, das ist, auch ohne das wir sind? Ist hier das Gute und Wahre zuhause von dem in der Nachfolge gesprochen wird? In Verbindung mit der Wandlung der vierten Line, ein eindeutiges Ja.

Lingua/Hex-Code 10: Was die Basis vorgibt, dem geben wir im Herzen Raum

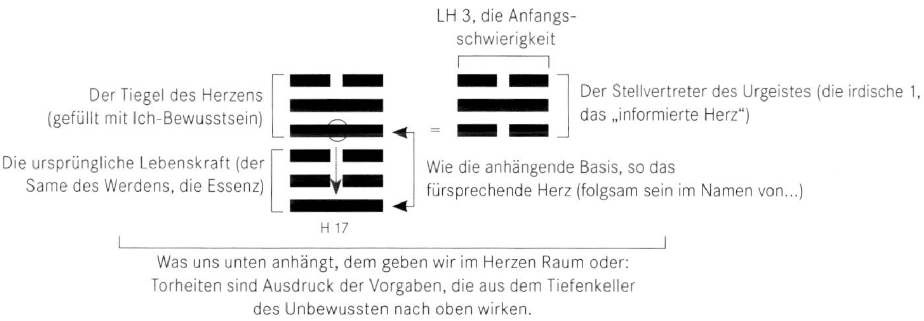

Dort erscheint nämlich das pränatale Zeichen 3 – Die Anfangsschwierigkeit, was zum einen auf den Beginn aller Probleme und gleichzeitig auf einen Zustand des „noch nicht Involviertseins" eines Bewusstseins in Abläufe verweist. Es regiert dort noch die Ur-Essenz, die Ur-Energie und der Ur-Geist, die sich beim ersten Atemzug in die Substanzen des Lebens verwandeln und damit ihre Einheit verlieren. Sie folgen den Pfaden von Vorgaben, die sie letztendlich selber sind, ohne dabei die Anbindung an den ursprünglichen Zustand zu verlieren. Wir sind sowohl das eine als auch das andere.

Nachfolge ist also keine freie Willensleistung, sondern ein Anhängen an Vorgaben, die man durchaus als schöpferische Potenziale bezeichnen kann, allerdings meist im Sinne der Erschöpfung, denn diese schöpferischen Potenziale strömen in das Sinnesauge, den denkenden Verstand, das handelnde Ich und das triebhafte Begehren. Der Herr wird zum Knecht und folgt dessen Vorgaben nach. Auch hier findet sich der Schlüssel zum höheren Verständnis in der Wandlung.

Es ist die erste Linie, denn dort wohnt die Triebkraft, der Same von Feuer und Wasser, Sehen und Hören, Bewusstsein und Bestimmung. Wandelt man diese erste Linie des essenziellen Samens der Elternschaft (UT Donner), dann erscheint das Zeichen der Sammlung. Es beschreibt das „tiefe Meer des Yin" im unteren Dantien, ein Schmelz- und Sammelpunkt der inneren Schätze, die es mit der „himmlischen Zentrale", dem Sitz des U-Geistes in der Schädelmitte, wieder zu verbinden gilt. „An einem Strang in eine Richtung ziehen", so lautet die Aufgabe in der Sammlung und diese Richtung geht nach innen und nach oben.

Die Nachfolge bezeichnet also einen inneren Weg und fast möchte man sagen, dass dieser mit dem Thema der Identifikation zu tun hat. Das Unten (das Potenzielle) identifiziert sich mit dem Oben (das Handelnde). Es folgt ihm nach, denn der Weg der Entwicklung führt in die Vertikalität und so ist die Nachfolge auch ein „Sich-Selbst-Kennenlernen" durch den Spiegel eines anderen, eines Außen und einer damit einhergehenden, inneren Erfahrung. Das tendenziell Horizontale wird zum Nachfolger des Vertikalen und das Gelingen und Gedeihen geschieht, in welchem Umfang auch immer.

Solange aber der Raum zwischen der Basis und der Blüte höchster Sammlung nicht bereinigt ist, wird man immer dem nachfolgen, was uns durch die Vorgaben bedingt, in uns selber verfolgt. Wir hängen dem an, was uns anhängt. Wir sind blinde Nachfolger einer Gabe, die uns schon anhing, als wir noch Abgehängte im Leerraum des Nichts gewesen sind.

5. Die Nachfolge im Bild des Führenden und seiner Gefolgschaft

Ein weiterer Aspekt der Nachfolge ist der Führende, der Vorgaben macht, denen andere folgen. „Um Nachfolge zu erreichen, muß man selbst erst sich anzupassen verstehen", so liest man in Richard Wilhelms Urteil zum Zeichen. Der Vorgebende hat Gaben die nach vorne gebracht wurden und sie scheinen einen Wert darzustellen, dem andere gerne anhängen. Dies, weil ihnen selbst Aspekte davon anhängen, weil sie es als nützlich, gewinnbringend und dienlich erachten. Es muss ein zentraler

Wert sein und er hat mit Entwicklung zu tun, mit einer Wicklung die ins Vertikale zielt, denn dorthin verläuft der Weg, den alles was lebt, zu gehen hat. Führen heißt Dienen, also Anpassen an Erfordernisse, die der Zeit entspringen. Es muss aber im Führenden selber zuerst passen, soll die Anpassung nach außen gelingen. Solange der Führende selbst ein Verfolgter trügerischer Vorgaben ist, wird er verführen anstatt dienlich anzuleiten. Er ist ein Betrüger, weil er selbst betrogen wurde. Er ist ein Verführer, da er selbst von übertragenen Mustern geführt wird. Doch auch daran gibt es eigentlich nichts zu kritisieren, nur festzustellen, was ausreicht, um es aus dem verborgenen Hintergrund herauszuheben.

Das Thema der Nachfolge ist nun einmal mit der Kehrseite der Aufarbeitung des Warum, Wozu und Weshalb verbunden und dies gilt für alle, die sich Menschen nennen, auch wenn sie sich noch so sehr als Schlaumeier auf der Bühne der Welt präsentieren. Hand aufs Herz: Wenn der Mensch an etwas hängt, ihm folgt wie ein Anhänger der Zugmaschine, dann verspricht er sich etwas davon. Es muss eine Aufwertung eines Minderwertes sein, etwas, das zu kurz gekommen ist oder ein Übermaß aufweist. Von Beginn seines Lebens an folgt der Mensch etwas, das über ihn zu verfügen scheint, etwas, über das er verfügt und das alles fügt. Er wird gezeugt mit allem Zeug ob er das will oder nicht und ist dann irgendwann überzeugt, von sich selbst und der Richtigkeit und Wichtigkeit seines Tuns. Er ist mehr als gezeugt, überzeugt, daraus erwachsen und gewachsen und fährt auf zwei Achsen, die nicht nur Auto, sondern Automatismus heißen. Ein Automat, der folgt, was ihn verfolgt, bis er eines Tages dem höheren Sinn begegnet und diesem folgt und dabei ganz allmählich erkennt, das er nur sich selber folgt. Verfolgt er dies konsequent wird er zum Geführten aus sich selbst heraus und es ist aus.

6. Erste allgemeine Zeitanalyse der Nachfolge

Wie kann eine erste Analyse der Jahresqualität aussehen, angesichts des bereits Gesagten? Was war denn alles davor, vor diesem Zeitfenster 2023 und natürlich sehr viel weiter davor, mindestens einen sechzig Jahreszyklus zurück? Viel, so viel, dass man es fast als Quantensprung der Manifestation des Übermäßigen bezeichnen könnte. Doch was heißt zu viel? In Bezug auf was? Es war möglich und insofern ist es Teil einer Spirale der Entwicklung, die jetzt einen Richtungswechsel vornimmt. Wir müssen in die 60iger Jahre springen mit ihrer immensen Aufbruch- und Umbruch-Energie auf allen Ebenen der Veränderung.

Ein Strudel neuzeitlicher Manifestationen mit enormer Sogwirkung flutete das Leben und hat fortlaufend Marker gesellschaftlicher, politischer, sozialer und wirtschaftlicher Normen gesetzt, die als Wohlstand durch Konsum bezeichnet wurden. Immer mehr scheinbare Notwendigkeiten haben sich aufgedrängt, das Leben bunt gefärbt und digitalisiert, die Ess- Reise- und Freizeitgewohnheiten ins Extrem getrieben – und dafür wurde auch vehement geworben. Gläubige Konsumenten haben es geglaubt, sind darauf angesprungen, haben danach gegriffen, es als normal verinnerlicht, sind folgsam gefolgt und zu Abhängigen geworden. Allerdings waren sie dies schon, bevor sie es offensichtlich waren, denn die Zeit und der Mensch dieser Zeit, sind eins.

Was also hing ihnen an und hat sie zu abhängigen Nachfolgern dieser Verhaltensvorgaben gemacht? Nichts anderes, als es bei anderen Generationen zuvor, in anderen Zeitepochen auch schon war. Das spezifische Menschsein in diesen Epochen des Möglichen. Was dem Menschen anhängt, hat mit Trennung und Verlust zu tun, also mit seiner Zwiespältigkeit, gespalten in Ich-Gefühl und Wesensnatur. Sein Drama und zugleich seine Lichtkrone, ist das unterscheidende Bewusstsein, das glaubt, interpretiert, manipuliert und von Wünschen, Bedürfnissen und Vorstellungen in Beschlag genommen wird. Deren Nährboden ist, wie bereits gesagt, zunächst das Menschsein an sich und daraus resultierend, die Zugehörigkeit zu Familie und Ahnenlinie und allem, was daran hängt. Die Gabe davor, nennt man Vorgabe, was dem folgt, ist das Nachfolgende.

Wenn wir nun einen Sprung in das Jahr 2022 und zwei Jahre davor machen, dann wissen wir genau, was uns anhängt und uns zu einer Nachfolge nötigt, für deren bindende Kraft wir in unserer Ichbezogenheit selbst gesorgt haben. Wie wollen wir es bezeichnen? Als Krise oder als notwendige Veränderung, als Einbruch in das Gewohnte, als Offenlegung des wahren Vermögens oder Unvermögens des Menschen? Es ist knapp davor, vor der Dezimierung der Menschheit durch den Menschen, dem ach so klugen Alles- und Besserwisser. Oder sollte ihm das Gute und Wahre doch noch vom Himmel her zufallen, gleich einem Big Bang der Selbsterkenntnis? Wer will das wissen und wozu? Es bleibt ihm nur das Nachfolgen, hinter den Folgen und da deren Ursache in ihm zuhause ist, führen die schlimmsten Folgen zur besten Einsicht.

Kapitel III:

Die synchronistische Dimension der Nachfolge

„Die Schule von Freud und Leid durchlaufen
Und darin bis zum Äußersten gehen –
Erst das schafft Glück, das von Dauer ist.
Das Denken über Zweifel und Glauben hinaustreiben
Und darin bis zum Äußersten zu gehen –
Erst das schafft Erkenntnis der Wahrheit."

Hung Ying-Ming (Hóng Zìchéng), Vom weisen Umgang mit der Welt, O. W. Barth Verlag

1.1 Das innere Hexagramm 53 – Die allmähliche Entwicklung

Lingua/Hex-Code 11: Aus den sumpfigen Niederungen bis zum Gipfel des Möglichen

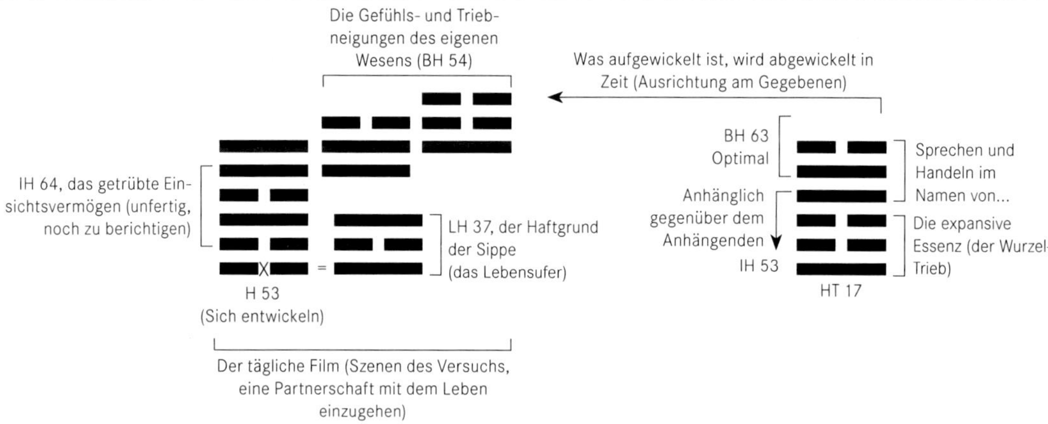

Schon der Begriff der Entwicklung sagt, dass es etwas gibt, das sich entwickelt und das muss aus etwas hervorgegangen sein, aus etwas davor, dem es folgt. Dem Zeichen 53 ist thematisch das allmähliche Verloben und Einlassen mit dem Leben zugeordnet und dies auf allen Ebenen, durch die es beschrieben wird. Gezeichnet ist der lange Weg aus den sumpfigen Niederungen des schicksalhaft Anfänglichen heraus, bis hinauf in höchste Gipfelhöhen der Verwirklichung. Als Beispiel wird das Wachstum eines Baumes herangezogen, der sich mehr oder weniger tief im Boden der Existenz verwurzelt, seinen Stamm, seine Äste, Zweige Blätter und Früchte ausbildet und dem Himmel entgegenwächst. Ganz allmählich, aus der Kraft und Eigenart der Wurzel heraus, die Nährstoffe verwertend, die ihm sein Wurzelreich bietet. Die Verbindung der beiden Zeichen von Nachfolge und Entwicklung ist zwingend, was die Tatsache verrät, dass Hexagramm 17 wieder das frühhimmlische Zeichen der allmählichen Entwicklung ist und dieses wiederum die allmähliche Entwicklung in sich trägt!

Der ganze Hintergrund der Nachfolge verbirgt sich also darin und er zeigt sich als undurchsichtiges Geflecht verschiedener, emotionaler Entwicklungsstörungen, denn dessen inneres Hexagramm heißt 64 – Die Trugschlüsse. Da ist zwar der treibende Stoff, der alles in die Höhe bringt, aber er birgt auch Verwirrendes und

Gegensätzliches in sich, das sich auf diesem Weg des Wachstums zeigt und mancherlei Reibung erzeugt. Man erlebt sich selbst und seine Umwelt auf spezifische Art und Weise, und dieses eigene Erleben wird nicht gemacht, sondern es stellt sich ein und macht das Wesen zum Nachfolger einer Vorgabe, die tief in der Basis wohnt. Alles, was geschieht, stellt sich einfach ein. Ohne sich vorzustellen, kreiert es Vorstellungen von und über etwas, bringt Ängste, kreative Aspekte, Gefühlsregungen und Brandherde des Herzens hervor. Das Erleben von Leben eben. Woher kommen diese Vorgaben, denen das zu Entwickelnde folgt?

Sie kommen aus der Wurzel des Baumes, der menschlich beschrieben ein Stammbaum, ein Baum der Abstammung ist, an dessen Ästen und Zweigen ein nachfolgendes Früchtchen hängt, das sich selbst verwurzeln und verzweigen wird. Entsprechend seiner Abstammung und sie trägt einen Namen, der sich in der Wandlung der ersten Linie zeigt: Hexagramm 37 – Die Sippe, die Elternschaft und Ahnenreihe. Sie gilt es im Ganzen zu integrieren, also aufzuarbeiten und die Hand zu reichen, damit aus blinder Nachfolge, verstehendes und selbstverantwortliches Sein werden kann. Es ist ein kraftvoller und rückgebundener Stoff, eben das Davor, dem das Danach folgt. Genau davon und den Folgen, spricht das umgekehrte Hexagramm der Arbeit am Verdorbenen, das nun nachfolgend zum Thema wird.

1.2 Das umgekehrte und polare Hexagramm 18 – Die Arbeit am Verdorbenen

Lingua/Hex-Code 12: Was einem anhängt, ist das, aus was man lebt

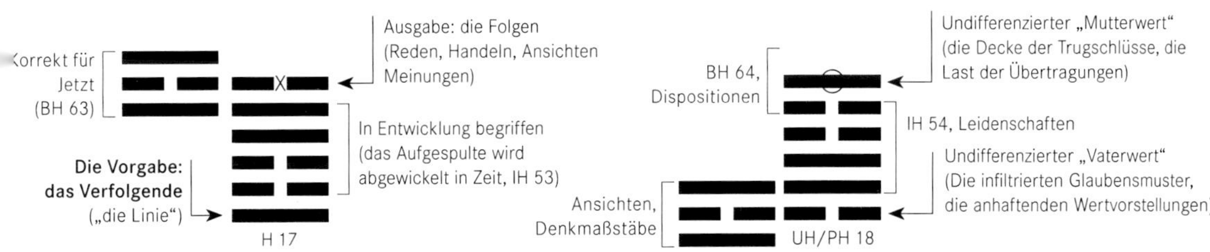

Der polar-symmetrische Prozess zwischen Nachfolge und Aufarbeitung (das, was einem anhängt, ist das aus was man lebt. Folgen hat es nur, wenn es einen verfolgt)

Die immense Bedeutung der Verbindung der beiden Zeichen lässt sich alleine schon an der Tatsache ermessen, dass die Arbeit am Verdorbenen sowohl das umgekehrte als auch das polare Hexagramm der Nachfolge ist. Sein Thema sind die Übertragungen der Vater- und Mutterbilder in die Nachkommenschaft und deren Aufarbeitung. Rein numerisch betrachtet, ist Hexagramm 18 das Folgezeichen besser gesagt, die ergänzende Kehrseite von 17, der Nachfolge, findet sich also auf der gleichen Medaille. Man könnte nun denken, dass die Arbeit am Verdorbenen die Konsequenz der „blinden Nachfolge" ist, aber das stimmt nur auf der Ebene des Verstandes, denn die Medaille ist von Anfang an komplett beschrieben. Ist da das eine ist da auch das andere, nur nicht unmittelbar im sichtbaren oder anders gesagt, im bewussten Vordergrund. Die Last der Übertragungen als die ins psychische Konzept des Individuums eingeflößten Ratio- und Religio-Bindungen sind das Thema und sie sind als belastende Decke an Trugschlüssen gezeigt. Bei allem Tun und Walten haben sie die Hand im Spiel und lassen den Menschen agieren und reagieren, im Glauben, das er das sei, obwohl es viel eher ein ferngesteuertes Aktionsmuster ist.

Man darf den Begriff „verdorben" keinesfalls im Sinne einer Verschuldung verstehen, denn schuldig ist niemand, höchstens im Verständnis von „wider besseren Wissens". Weder die übertragenden Personen von Vater und Mutter, noch der vertrauensselige Nachkomme. Sie wurden veranlagt und liegen entsprechend dieser Anlage mehr oder weniger schief in Bezug auf sich selbst und das Leben. Die Glaubens- Denk- und Handlungsmuster stammen nicht von den Eltern, sie kommen durch sie, denn auch sie hatten Eltern. So kann es nur ein geronnenes Substrat der elterlichen Eigenarten sein, das die Nachkommen in Besitz nimmt. Doch das geschieht unmittelbar, schon bei der Zeugung und ist der Stoff, der uns das sein lässt, was wir sind und was wir erleben. Es lässt sich nicht leugnen und warum auch? Man ist das Kind der Eltern und wird dies vollumfänglich aufgearbeitet, ins erkennende und verstehende Herz gehoben, verliert es den Beigeschmack des Verdorbenen und lässt den Menschen zum dienstbaren Geist des Lebens werden.

Eigentlich bedeutet Anpassung in höherem Sinne, dass sich das impulsive Lustmoment hinter das Einfühlsame höherer Beweggründe stellt. Eine solche, nicht zwanghafte Haltung, beruht auf der Erkenntnis, dass nicht das Ich der Herr der Abläufe ist, sondern dass sie von alleine ablaufen und dabei Schritt für Schritt herausstellen, was in der Wurzel verborgen liegt. Allmähliche Entwicklung genannt. Man stellt sich dem Leben zu Diensten und dieses Leben, ist der Film mit allen dazugehörigen Szenen, der sich auf der Leinwand täglicher Ereignisse abspielt und uns mit all dem konfrontiert, was dem Lebensbaum mit spezifischer Abstammung angehört.

Sich selbst zu folgen bedeutet also zu verstehen, dass es auf dem Weg des Lebens keine Umwege und keine Abkürzungen gibt. Der Weg ist das Ziel und dieses Ziel gleicht dem Wipfel eines Baumes, denn dieser ist sichtbar gewordener Ausdruck der bewegenden Kraft, die aus den Wurzeln stammt. Der Wipfel eines Baumes ist von Anfang an da. Er wird nur in Zeit erhöht und wie lange das dauert und was es da alles zu erleben gibt, das erfordert Anpassung an das, was jeden Augenblick ist. Was also lässt sich ändern? Willentlich nichts. Die Erkenntnis dieser Hintergründe, ist die Änderung.

1.3 Das Brücken- und das frühhimmlische Hexagramm 63 – Nach der Vollendung

Lingua/Hex-Code 13: Das harmonische Muster der Nachfolge

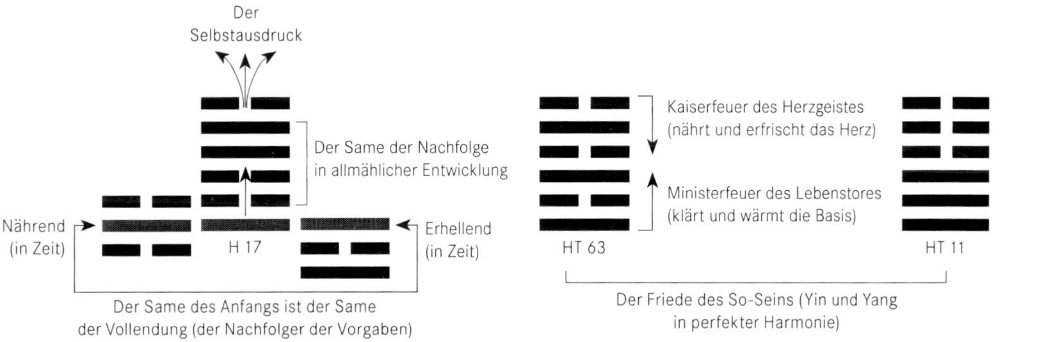

Es ist bereits vollendet, es ist das optimal Mögliche, dieses Leben, das der Mensch als „mein Leben" bezeichnet, so scheint es durch, angesichts der gegebenen Zusammenhänge. Bereits vollendet bedeutet, dass alles, was sich zeigt, das Maximale im Jetzt ist und das hebt den Begriff der Nachfolge auf eine höchste Stufe. Dem Guten und Wahren zu folgen bedeutet, Einssein mit dem Gegebenen, bedeutet Selbsterkenntnis und Eigenverantwortung, gänzlich enthoben von unbewussten Reaktionsmustern und doch: Man kann nicht anders als dem zu folgen, was einem anhängt. Es sind, wie wir gesehen haben, die nebulösen, ungeklärten Hintergründe, im Verständnis der Entwicklung des Veranlagten, das in den Wurzeln zuhause ist.

Diese liegen in der Elternschaft, der Zugehörigkeit und Abstammung und sie sind mit Bildern belegt, die sowohl diesen, als auch den kollektiven Hintergrund des Menschseins spiegeln. Höchster Sinn gepaart mit Eigensinn, das sind die Reibungspunkte, aber ist das falsch oder kann man dafür jemanden die Schuld geben? Wie es der Begriff „Nach der Vollendung" zum Ausdruck bringt: Es ist bereits vorgeburtlich vollendet und vollendet sich in der nachgeburtlichen Existenz als eine Summe von Teilerfolgen in Zeit. Es heißt ja die allmähliche Entwicklung. Etwas bewegt sich von hier nach dort und das Dort ist die Folge des Hier. Der Same von Dschen, dem erregenden Donner ist gelegt, der Ausdruck davon findet sich in den Handlungen, dem Ich-Gefühl und dem Sprachschatz der Verständigung. Gibt es keinen Impuls, gibt es auch keine Reaktion auf einen Impuls. Es ist am Ende voll, so lässt sich der Begriff der Vollendung interpretieren, aber dazu braucht es einen Anfang, der diese volle Endung ermöglicht.

Ist also alles, was sich in Zeit zeigt, schon angelegt? Alles, was wir gestern erlebt, heute erleben und danach erleben werden? Ja. Deshalb folgt nach der Vollendung das Zeichen 64 – Vor der Vollendung und deshalb heißt es leben und es ist Nebel, liest man es in umgekehrter Buchstabenfolge. Vor und Nach, es geht um die Endung, dem was vorausgeht und dessen Endung im Trüben liegt und dem, was diesem nachfolgt, ein Teilerfolg, dessen Endung sich wieder ins Trübe wendet. Auf jeden Fall ist die Gleichheit von Nachfolge und Vollendung die Gewissheit, dass sich die Dinge immer zum Optimalen entwickeln. Eines folgt dem anderen und der Mensch folgt sowohl diesem einen als auch dem anderen, denn beide sind eins. Als Gefühl-Verstand-Prinzip, erlebt er alles sehr persönlich, auf sich bezogen, als Gelungen oder Misslungen, als Schuldig oder Unschuldig, als Tauglich oder Untauglich und er liebt es sich anzuhängen an etwas das ihm als tauglich erscheint, um unbewusst zu vollenden, was nicht vollendet ist. Was das wohl sein mag, so wird man sich nun fragen? Die Antwort liegt auf der Hand oder sollte ich besser sagen in der Hand?

2. Zweite allgemeine Zeitanalyse der Nachfolge

So viele Themen bieten sich im Zeitfenster der Nachfolge an und doch lassen sie sich auf einen klaren Nenner bringen: Es sind die Folgen von Vorgaben, die ins Verdorbene geführt haben. Aufarbeiten und Neubenennen ist das Thema und da steht uns etwas Kollektives ins Lebenshaus, das in seinem Umfang kaum zu erfassen ist. Schaut man sich das blinde Agieren der Führenden an, dann wird einem klar, dass dies die Folgen nicht aufgearbeiteter Ratio- und Religiobilder aus ihrer Elternschaft sind. Sie wissen nicht, wer sie wirklich sind, wollen aber wissen, was für andere gut und richtig ist. Wie Kinder, die im Sandkasten sitzen und um Förmchen und Bagger streiten, Machtspiele üben und das ganze Repertoire an Übergriffigkeit ausagieren, dass sie selber regiert. Zu guter Letzt zelebrieren sie nun ihre missachteten, kindlichen Ansprüche in Kriegsspielen und fühlen sich stark, denn im Feindbild kann der eigene Minderwert bestens verdrängt werden. Voll bestückt mit „guten Absichten" wollen sie es dem oder den anderen zeigen. Ob gute oder ungute Absichten, es sind Absichten, die sich nicht an wahren Gegebenheiten orientieren, sondern an Vorstellungen, wie etwas zu sein hat. So hat man es ja auch von zuhause erfahren! Es gilt jedoch zu verstehen, dass sie in Zeit gewählt wurden und deshalb für diese Zeit die Richtigen sind. Allerdings nur insofern, als dass man an ihnen erkennt, wo die Gesellschaft steht und wohin das Lebensrad sich dreht. Verschleißmaterial hinter dessen Rücken sich Nachfolger entwickeln, die den Gesetzen und Anforderungen einer neuen Zeitqualität verpflichtet sind.

Was könnte man alles als verdorben bezeichnen, das einst als frisch und nährend galt. Weshalb hat man es als frisch und nährend bezeichnet, diese Frage sollte geklärt werden und sie würde auf etwas Grundsätzliches im Menschsein zurückführen, was dienlich für das Nachkommende ist. Nichts ist dauerhaft gut, nichts ist dauerhaft schlecht. Alles hat seine Zeit, doch wer nicht in Zeit lebt, der verschleppt ins Unzeitgemäße und genau das ist das Verdorbene. Alles, was nicht ins Jetzt gehoben, also aufgearbeitet wurde, verdirbt das Jetzt, weil es verbietet, kontrolliert, manipuliert und regiert. Wie fatal und doch so dramatisch in den Folgen. Wir werden es also mit vielen Folgen von etwas Zuvor zu tun haben, allerdings auch mit einer immensen Entwicklung die aus diesen Folgen resultiert und dem Erwachen einer Generation, die dem bislang ruhenden Donner erfrischender Impulse entspringt. Nun endlich dürfen sie Hand anlegen am Boden des Erntetroges und über seine Befüllung zumindest in größerem Umfang mitbestimmen. Was damit aber alles an- und aufgerührt wird, das könnte zu Aufruhr in den Reihen der Gewohnheitsbestimmer führen, die damit selbst zu Geführten herabgesetzt werden, was ihnen sicher nicht passen wird.

Ich sehe Megafone der Aufständischen und sie brüllen ihre Parolen. Stoff wird es genügend geben und Nachfolger, die hinter den Sprechern marschieren, auch. Der Fuß folgt dem Mund so zeigt es das Hexagramm und das die Füße mehr werden, darauf deutet die Wandlung der ersten Linie zur Sammlung hin. Aufregung hin, Aufregung her, es folgt etwas nach, was sich nicht verhindern lässt. Es strömt aus subtilen Ebenen schöpferischer Zeit-Entwicklung herab und bildet einen neue Aura des Dienlichen im Führenden und denjenigen, die diesen folgen. Schönreden und Schönfärben wird nicht helfen, denn das, was die kommenden Jahre auf dem Zeitplan steht, ist streng und stellt den Niedergang einer Epoche dar. Es wird nichts bleiben als Anpassung und dazu gilt es alles scheinbar Unpassende in sich selbst zur Passung zu bringen. Die Zeitereignisse werden dabei ganz sicher behilflich sein.

Erweiterung unter Bezugnahme auf den Zeichensinn und das Schriftzeichen

Da der Donner für das Neue, Energievolle, Erweckende und Frische steht, Dui, der See aber für den Herbst und dieser in der Nachfolge die Führung übernimmt, bietet sich der Begriff des Opferns an. Wichtig, um zu verstehen was das bedeutet, ist das UKT Gen, der ruhighaltende Berg. Er bildet den stabilen Boden von Dui am dritten Linienplatz und hält den erregenden Donner in Schach. Die Zeiten des expansiven Wachstums sind vorbei. Es müssen Opfer gebracht werden, die Rollen werden neu verteilt. Fiedeler geht auf den Doppelsinn des Schriftzeichens Sui ein und spricht vom aktiven Verfolgen, um einen Fang zu machen und verwendet dazu auch das Bild eines Gefangenen, der mit einer Schlinge um den Hals abgeführt wird. Diese Schlinge ist dem oberen Kerntrigramm Xun, dem sanften Wind zuzuordnen. Er ist der Wind der Veränderung und das obere Trigramm der allmählichen Entwicklung. In diese Gebundenheit an die bewegende Zeit gilt es sich zu fügen.

Ein wesentlicher Aspekt dieser Betrachtung, bezieht sich auf die Umverteilung der Rollen, denn das Hexagramm verweist primär auf das feminine von Dui und Xun, den beiden Töchter-Energien des schöpferischen Himmels, was Sanftmut und freundliche Ansprache bedeutet. Kein aggressives und expansives Wachstumsplus mehr, sondern ein Zurückgreifen auf organisch Gewachsenes und dazu braucht es den eingangs erwähnten „Aufmarsch eines Oberbefehlshabers“, den ich als Sprachrohr der Zeiterfordernisse bezeichnen möchte. Seine ihn begleitenden Wachen sind dem Brückenhexagramm 63 gleichzusetzen, denn es soll ja etwas optimal Mögliches erreicht werden. Klarheit in den Verhältnissen und kreative Möglichkeiten im Wandel.

Wie man leicht erkennen kann, handelt es sich um kein einfaches Unterfangen, das den Sinn des Zeitfensters der Nachfolge bildet. Hoffen wir, dass der Aufmarsch der Zeitrichtlinien nicht auch einen Einmarsch bedeutet, denn in der Mawangdui-

Fassung des Yi Jing, wird auch von Opferfleisch gesprochen, das nach der Opferung vergraben wurde. Dies sollte jedoch nicht wörtlich genommen werden, denn so schreibt Fiedeler weiter, der Zeichensinn ist höchst positiv zu werten und zwar insofern, als das sich dahinter das „Sich fügen in den Kreislauf von Leben und Tod“ verbirgt.

Kapitel IV

Das Thema der Nachfolge in den unterschiedlichen Lebensbereichen

„Der Lebensgeist der Menschen ist so schwer zu läutern
und so leicht zu beschmutzen
wie eine Schale Wasser."

Thomas Cleary, Also sprach Laotse, O, W, Barth Verlag 1996

1. Der Mensch und die Gesellschaft

Schauen wir uns den einzelnen Menschen der Gesellschaft einmal genauer an. Er lebt, wie andere vor ihm auch, überwiegend als Gewohnheitsmensch, dies allerdings in einem höchst schädlichen Maße. Was sich bis in die heutige Zeit als Selbstverständlichkeit verdichtet hat, beruht auf einem immensen Trugschluss. Doch welche Schlüsse kann er ziehen und woraus ergeben sie sich? Er bezeichnet es als seine Erfahrungen, auf Grund derer er ein bestimmtes Verhalten an den Tag legt. Oder auf etwas, dass er als gelernt abgespeichert hat. Er ist ein Titelgläubiger, einer, der Bildung sucht, sich ausbilden lässt oder auf Fähigkeiten baut, die er hat. Das alles ist nicht falsch aber auch nicht richtig, ihm selbst aber sehr wichtig. Er braucht die Identifikation, um damit etwas in ihm zu verstärken oder zu kompensieren, weil es sich ihm nicht einfach so zeigt, was das ist, das er wirklich ist. Er sucht sich dafür Objekte und Personen, die ihm etwas geben, die ihm nahestehen, die er verehren kann. Auch daran ist nichts schlechtes, aber: „Hängt man sich an den großen Mann, so verliert man den kleinen Knaben" und umgekehrt, so steht es im Text zur Nachfolge geschrieben. Dieser große Mann ist der gereifte Erwachsene, während der Knabe das unreife Verhalten eines Pubertierenden zeigt. Beides existiert zur gleichen Zeit und fast erscheint es so, als wäre der Knabe oder das Mädchen nicht gänzlich im Jetzt des Erwachsenen angekommen. Das stimmt, denn beide sind Symbole eines im Dunkel des Anfänglichen steckengebliebenen Minderwertes, der auf seine Aufwertung wartet. So lange mischt er sich ein und lässt das Kompensieren immer abartiger und massiver werden. Ich erinnere hier an die Kehrseite der Medaille, die Arbeit am Verdorbenen, dem, was man keine oder wenig Aufmerksamkeit schenkt, das aber in Form allerlei Schwierigkeiten, selbst für Aufmerksamkeit sorgt. Ob man das nun zuordnen kann oder nicht, es führt letztendlich nach dorthin zurück.

Der Erwachsene ist nur dann erwachsen, wenn es nichts mehr in ihm gibt, das unterwegs vergessen wurde. Die Hand des Kindes muss ergriffen, die Elternschaft aufgearbeitet werden, was man als Integration in das Hier und Jetzt bezeichnet. Alle, auf Gegensätzen beruhenden Probleme wären damit behoben. Rational lässt es sich nicht lösen, nachdenken nützt nur bedingt, denn das, was denkt, ist das Verdorbene. Dergestalt gesellt sich die Gesellschaft zusammen und probt das Gesellige in vielerlei Szenarien. Alles beruhend auf dem Gewohnten, auf dem, was sich als gewöhnlich eingeschlichen hat und dann Zeitgeist heißt. Allerdings ist dies kein neuer Geist, sondern ein herumgeisternder Aspekt von etwas Davor, das ebenso aus dem Dunkel irriger Mutmaßungen entwichen ist. Gesellschaft bedeutet Kollektiv, ist die Gemeinschaft von Menschen, mit allen erblastigen Übertragungen, aus denen das Geniale und das Triviale gleichermaßen hervorgeht. Schaut man sich die heutige Gemeinschaft an, dann sieht man Gebildete, an mehr als genug Gewöhnte und Verwöhnte, ins Materielle sich Verirrte und Verwirrte, vom Konsum Überschwemmte und Naturentwöhnte und auch das stimmt nur augenscheinlich. Wie gerne hätten sie reife und überzeugende Anleitung doch von woher? Sie sind Unwissende übergeordneter Zusammenhänge und wählen aus dieser Unwissenheit heraus diejenigen, die ihnen Wissen vorspielen. Dies gelingt auch, weil sie selbst noch Gefangene eines Vorspiels sind, das ihnen länger zurückliegend eingespielt wurde. Es muss also zuerst zurückgespult werden, damit reflektierte Nachfolge möglich wird.

Was macht den Menschen der heutigen Zeit anders, als denjenigen irgend einer anderen? Er hat Geräte, die seine eingeschränkte eigene Kraft ins Tausendfache multiplizieren. Er ist ein Globalisierter und auf Maximierung Dressierter. Er kann dank moderner Druck- und Vervielfältigungstechniken, aber vor allem der digitalen Speicher- und Übertragungsmöglichkeiten auf Wissen zugreifen, ohne dieses Wissen verinnerlicht zu haben. Er ist oberflächlich geworden, obwohl ihm die Tiefe zur Verfügung steht. Er will klug sein, mitreden und dazugehören. Er baut auf schnell und kompakt, logisch und nützlich und wenig auf stabil und tragend. Er lernt es sich an und benützt es, entsprechend den Vorgaben für Gewinn, Erfolg und wohlständigen Schein. Genau hier treffen wir auf die gepuderte Gesellschaft einer Anderszeit davor. Man wollte etwas darstellen, etwas Besseres sein, zu einer gehobenen Schicht gehören und füllige Feste feiern. Man hatte ja das Vermögen dazu, geraubt von denen, über die zu herrschen man glaubte berechtigt zu sein. Hat sich an diesen hierarischen Prinzipien und egobetonten Absichten etwas Grundsätzliches verändert? Hat der Mensch etwas gelernt, als Nachfolger all der Ereignisse, deren Dokumentation ihm so vielfältig zur Verfügung steht? Was kann er schon lernen? Er folgt dem, was ihn unbewusst verfolgt und kommt am Ende an bei dem, was er von Anfang an schon war. Der Endung in der Vollendung. Was also hat der so bezeichnete „moderne Mensch" heute zu lernen? Dass es nicht um Mode geht und Schein, sondern um wahrhaftiges Sein. Das erscheint doch recht billig, angesichts des reichen Schatzes an weisen Überlieferungen auf die er von überall her und jederzeit zugreifen kann. Ist ihm der Zugriff verwehrt weil er das Falsche verehrt?

Um den entstandenen, negativen Beigeschmack menschlichen Wirkens abzumildern: Jede Epoche hat große Geister hervorgebracht, denken wir nur an Beethoven, Bach, Goethe und Einstein, ganz zu schweigen von den Gelehrten der antiken Zeit. Sie waren tragende Eckpfeiler der Zeit, die heilendes Öl in die Wunden der Gesellschaft gießen konnten. Das Problem ist das Massige und die Welle, die daraus entsteht und genau darauf hat man im Zeitalter der Industrialisierung und des konsumgeführten Wohlstandes gesetzt.

2. Wirtschaft und Politik

Wirtschaft und Wachstum sind eine Zwangspaarung. Um zu wachsen, muss etwas erwirtschaftet werden und da frage ich, wo die Felder sind, auf denen noch in größerem Maße geerntet werden kann? Import, Export und Eigenbedarf sind die drei Großräume in denen diese Wirtschaft siedelt. Dabei springt mich noch immer der Begriff „Wirt" und damit verbunden die Bewirtung an. Liefert der Wirt schmackhafte Speisen und bietet ein passendes Ambiente, hat er viele Gäste. Diese hat man ihm in den beiden vergangenen Jahren verboten zu haben und ihm damit die Existenzgrundlage entzogen. Schon springen die politischen Zwischenrufer auf: „Wir haben sie subventioniert, finanziell unterstützt und schließlich waren das notwendige Entscheidungen auf Grund der virulenten Krise". Mir sind zwei Viren bekannt. Einmal das mit 19 bezifferte und zum anderen, das tief vergrabene und in dieser Situation freudig angesprungene „kleinkindliche Mangelprinzip" vieler Trugschlüsse, beziffert mit 18 – was menschlich ist, aber zeigt, in welchem Umfang die Entscheidungsträger damit befallen sind. In welcher Situation war denn die Wirtschaft und deren Zweige vor der Krise? Sie lief perfekt, so begründet man es anhand von Zahlen und Statistiken, allerdings hauptsächlich in den Bereichen des Übermäßigen, Schädlichen und Gewohnten, weniger im Nachhaltigen, gleichwohl es dort Lichtblicke für eine Zukunft gibt.

Nehmen wir die Automobilindustrie, in Deutschland ein wichtiger Garant für Wachstum. Dort wurde im alten Stil weiter produziert, obwohl die Zeit nach grundlegender Änderung gerufen hat. Weshalb aber Änderung solange noch leicht Profit zu machen ist? Schließlich lieben die Menschen ihren PS-starken Kinderwagen und die Lebens- und Arbeitssituation macht ihn notwendig. Nach langem und mühsamem Durchringen hat man sich auf das Elektrofahrzeug geeinigt und ein paar Alibi-Objekte davon erzeugt, allerdings mit Hilfe von Subventionen, denn die Umstrukturierung ist schließlich teuer und selber investieren, kommt nur begrenzt in Frage. Unausgegoren wie dieses Projekt ist, hat es sich aber selber eingebremst.

Null Emissionen und kein Lärm, dafür aber giftige Batterien, die entsorgt werden müssen und dazu ein E-Werk, auf dem zu sitzen, absolut gesundheitsgefährdend ist. Ich frage mich wo der weitsichtige, an das echte Wohl der Umwelt und des Menschen denkende Sachverstand der politischen und wirtschaftlichen Instanzen ist? Sie werden bitter lernen müssen, was Nachfolgen hinter den Folgen bedeutet und für einige wird der Griff in die Kreativkiste der Möglichkeiten zu spät kommen.

Lange hat man geglaubt er sei Grün, dieser Sachverstand. Nun zeigt sich aber, dass dieses Grün seinen Platz mehr hinter den Ohren als im Herzen hat und noch ein Blau in den Augen dazu kommt, was man blauäugig nennt. Grün und blau übereinander gestellt, ergibt das Zeichen 3 – Die Anfangsschwierigkeit, die Umkehrung davon, führt zu 40 – Die Befreiung. Am Verständnis von grüner Politik muss also noch ziemlich gearbeitet werden und sie auf die tragenden Wirtschaftszweige umzulegen, benötigt konsequente und klare Ausrichtung auf das Wesentliche im Zeitfenster des Jetzt. Das Drama ist, dass selbst wenn es tiefer gehend erkannt wäre, eine Veränderung nicht einfach so durchführbar ist. Gewohnheit, Abhängigkeit und eine macht- und gewinnsüchtige Lobby einflussreicher Strippenzieher hat daran nur insofern Interesse, als das ihr Status beibehalten wird. Hilft da nur ein gewaltsamer Zusammenbruch damit der Schalter des Wachstums sich ganz alleine in die richtige Richtung umlegt? Gibt es die soziale Vernunft und die Einsicht für einen förderlichen Richtungswechsel? Ist der Mensch dergestalt konstruiert? Versteht er, dass Abbau gleichzeitig Aufbau an anderer Stelle bedeutet und kann er über den Eigennutz hinaus? Ein symmetrisches und synchronistisches Erkenntnisvermögen wäre dafür nötig, aber im Bildungsplan der Nützlichkeit ist dazu nichts zu finden. Es wird nicht viel Zeit bleiben um diese Fragen philosophierend zu klären, sie werden sich zwangsläufig klären und es geht wohl nur so.

Soll ich mich nun auch noch dazu durchringen über Politik zu reden oder gar zu lästern oder Hymnen des Lobes anzustimmen? Letzteres wäre mir nur insofern möglich als das ich meinen Respekt ausspreche dafür, dass sich ihre Figuren als Kanonenfutter einer Endzeit zur Verfügung stellen und ihr Bestes geben. Da sie aber auf dem Egotrip der großen Erneuerer reiten, merken sie nichts davon. Schmerzfrei durch die Folgen, lösen sie weitere Folgen aus und ich sage nur: Krieg und Vertuschung der Ursachen. Im Feindbild kann man sich selber gut reden und Amerika als Abbild demokratischen Verständnisses und Rechtschaffenheit an der Seite zu haben, stärkt die Vorstellung von Richtigkeit und Wichtigkeit im Verhalten und Vorgehen ungemein.

Weder den Angriff noch die Art der Verteidigung heiße ich gut, denn beides basiert auf verdorbenen, nicht bearbeiteten Feldern von Übertragungen, die sich nun gewaltsam entladen.

Wir leben in Krisenzeiten, so wird behauptet, und es klingt so, als wäre die Krise ein vom Menschen abgekoppeltes autonomes Prinzip, das mit allen Mittel bekämpft werden muss, koste es, was es wolle. Und es kostet viel, sehr viel. Und zu welchem Zweck? Nur um etwas künstlich aufrecht zu erhalten, an das man sich so gewöhnt hat? Anstatt in den kreativen Wandel zu investieren, versucht man mit Verordnungen die Wege des Wandels zu kontrollieren, um nur das durchzulassen, was das alte Wohlgefühl und den maximalen Gewinn weiter stützen kann. Fliegen, Autofahren, Reisen, Vergnügen und Konsumieren, Brot und Spiele eben sind die augenscheinlichen Eckpfeiler, um das Volk bei Laune zu halten. Dazu noch Fülle-Food, das verschleimt, vernebelt und versüßt und die Welt funktioniert wie gewollt. Dem ganzen Gesülze in die Quere kommt jetzt aber der Mangel an Energie in Form von Strom, Gas und Treibstoffen und da muss man einiges auffahren an scheinbaren Aktivitäten und gut gemeinten Ratschlägen für die Verbraucher. „Waschen Sie sich doch einfach morgens und abends nur mit einem Waschlappen, ziehen sich wärmer an und heizen ihre Wohnung mit vielen Kerzen."

Der böse Putin ist schuld und die Mineralölkonzerne, die gnadenlos abkassieren, sodass der gute Staat die Mehrwertsteuer auf die Kosten senken muss. Dabei basiert das alles nur auf Versäumnissen aus egoistischen und kontrollspezifischen Gründen heraus. Strom und antreibende Energien lassen sich aus Quellen gewinnen, die Ressourcen sparen, die Umwelt nicht belasten und vor allem den Geldbeutel schonen. Doch das ist am wenigsten gewollt. Wie verfahren das alles ist und wie wenig man auf Vernunft und Einsicht bauen kann, bei allen Beteiligten, das ist ernüchternd. Was wäre also eine gute und dienliche Politik? Das ist schwer zu sagen, denn sie läge im Abbau, dem Rollenwechsel und der grundsätzlichen Veränderung in Bezug auf Prioritäten. Ein übles Szenario für das Gewohnte und den Statusdenker. So warten wir auf das Damoklesschwert des Zeitenlaufs und das führt uns zum Schlag aus heiterem Himmel und der Verfinsterung in den Jahren 2024 und 2025. Vielleicht gibt das den nötigen Nachdruck zur uneingeschränkten Anpassung an das jetzt Geforderte?

In eigener Sache: Man möge dem Autoren das Gesagte verzeihen, denn im Grunde ist alles richtig, wie es ist. Es sind nur Geschichten, die das Leben schreibt. Doch wie bei jeder Krankheit: Man jammert und klagt und ist die Gesundheit dann wieder da, ist rasch alles vergessen. Es geht nur um den Blickwinkel, den man darauf richtet, nicht um emotionale Identifikation um aus dem Schlechten etwas vermeintlich Gutes zu machen. Das Schlechte ist so gut, wie das Gute schlecht. Nimmt man nur die Endung, dann ist es echt und nur in der Bewertung schlecht. Wo das eine ist, da ist in gleichem Maße auch das andere, das lehrt uns das Yi jing und im Zeichen 63 – Nach der Vollendung wird es deutlich gesagt: Den Folgen einfach zu folgen und zu tun, was zu tun angeregt wird, ist das maximal mögliche zu jeder Zeit. Dazu allerdings ist es gut zu wissen, wo die Kurve der Ereignisse sich gerade befindet. Das ist alles und es ist genug.

2. Partnerschaft und Beziehung

Partnerschaft und Beziehung scheint mir das ideale Erklärungsfeld für die Nachfolge zu sein, in vielerlei Hinsicht. „Das Männliche unterstellt sich dem Weiblichen bei der Werbung", so heißt es in Hexagramm 31 – Die Einwirkung. Dies ist in der Nachfolge ebenso aber mehr in Bezug auf den reiferen Wert selbstbestimmter Anpassung und weniger, um jemanden für sich zu gewinnen. Der Donner ist ein triebhafter Aspekt mit einer expansiven Dynamik. Dui, der See ist ein Tiegel mit kristallisierten Inhalten, ein Ausdrucksgefäß charakterlicher Veranlagungen, die als Ich-Gefühl der Person bezeichnet werden. Es ist ein Selbsterfahrungsschatz, was nicht bedeutet, dass er ein verlässlicher Wegweiser ist, sondern lediglich das zentrale Prinzip, durch das die persönliche Eigenart zum Ausdruck kommt. Er ist das Symbol für den Mund, die Sprache und das Handeln. Sein inneres Leitkriterium ist die Familie, denn die Inhalte stehen in programmatischem Rückbezug nach dorthin. Seine nahe Verwandtschaft mit Dschen, dem erregenden Donner liegt auf der Hand. Dui, ist das, was aus ihm hervorgeht, Dschen wohnt in ihm. Ohne Same keine Inhalte, ohne Impuls, kein Ausdruck und so ist das Fundament der Nachfolge immer die treibende Lebenskraft, die Essenz des Veranlagten. Eben der Same der Elternschaft.

Es gibt eine Menge zu reflektieren angesichts dieser nicht zu trennenden Zusammenhänge. Zu allererst beim Thema Selbstbezug, denn ohne diesen stabilen Hintergrund ist die freundliche und wohlwollende Ansprache sowie der förderliche Umgang miteinander nur sehr bedingt möglich. Wenn uns nicht integrierte Anteile aus Übertragungen verfolgen, ist da immer ein Mangel und es führt zu Unterwürfigkeit, zu manipulativem und zwanghaftem Verhalten. Eine Abhängigkeit vom Wohlwollen des anderen, für die alles getan wird. Nur wenn man zu sich selbst stehen kann, dann kann man auch zum anderen stehen und kann freiwillig zurückstehen, wie es der expansive Donner zeigt. Ein Attribut der Nachfolge ist die Anhänglichkeit. Man hängt aneinander in einer Art Symbiose, einem Schutzraum gegenseitiger Abhängigkeit und Kontrolle, oder man hängt am anderen, der einen zieht wie eine verlässliche Zugmaschine – bis man abgehängt wird und die Welt einstürzt. Ist Anhänglichkeit ein wohltuender Aspekt oder schlummert dahinter immer ein Defizit? Es ist wie mit allem im Leben. Es kann schön sein, wenn keine Abhängigkeit damit verbunden ist, aber kann man es dann noch als anhänglich bezeichnen?

Vergessen wir nicht die natürliche Rollenverteilung zwischen dem Männlichen und dem Weiblichen und den damit verbundenen Wirkkräften. Dui, das Gefühlvoll-Heitere entspricht dem Weiblichen, es ist ein femininer Yin-Aspekt. Dschen, das Erregend-Initiative dem Männlichen, was ein maskuliner Yang-Aspekt ist. Diese Kraft soll, weil sie eine fundamentale Energie ist, im Hintergrund wirken, da sie sonst alles überrennt. Sie soll stützen, aber nicht zum Stürzen bringen. „Nur durch Dienen, kommt man zum Herrschen", was bedeutet, dass man sich seines Wertes vollkommen bewusst ist. Da braucht es dann noch die Reife auf der anderen Seite, nämlich den geklärten Gefühls-Haushalt, denn leicht könnte es sonst in das Ausnützen oder die Überheblichkeit abrutschen. Da aber das jeweilige Gegenüber immer ein passendes Resonanzfeld aufweist, kann nicht das eine richtig und das andere falsch sein. Weshalb folgt man seinem Partner, lässt vieles über sich ergehen, wie gesagt wird? Man folgt nicht ihm oder ihr, sondern den festsitzenden Vater- und Mutterbildern, die auf das Gegenüber projiziert werden.

Partnerschaften sind immer ein Spielfeld, auf dem sich familiäre Muster, Vater- und Mutterbindungen in Ich- und Du-Ansprüchen austoben. Es ist ein höchst kreatives Prinzip zwischen Führen und Folgen, List und Unbeherrschtheit, Taktgefühl und Rücksichtnahme, berechnende Absichten und Gutmütigkeit, Nachsicht, Einsicht, Umsicht, Aussicht, Wohlwollen und tragender Reife. Ein Spannungsbogen zwischen Widerstand und Fügsamkeit, in dessen Zwischenraum sich etwas entwickelt, das letztendlich das Richtige ist.

Geduld, Nachsicht und Rücksicht sind ebenfalls Aspekte der Nachfolge und wichtige Attribute in Beziehung und Miteinander. Rücksichtsvoll kann derjenige sein, der seine Rückspiegel nutzt und Rückschau hält nach dorthin, wo die Quelle der Rücksichtslosigkeit ist. Man könnte es als Aufarbeiten bezeichnen und das heißt zu sichten, was einen verfolgt, damit man es nicht als Diktat am anderen abarbeitet. Von welchem Blickwinkel aus man es betrachtet, die Nachfolge als dienender Wert, zeugt von einer reifen Entwicklung und weil Anpassung im Wandel ruht, gibt es keine eklatanten Gefahrenzonen. Was sich zeigt, ist das, was möglich ist.

Das Herz aller Begegnungen und Verbindungen ist das Wohlwollen, das freundliche und rücksichtsvolle Kommunizieren. Ein Aufeinanderzugehen, das in der allmählichen Entwicklung fußt und keine taktischen Anstrengungen unternimmt, um zu gefallen oder etwas zu demonstrieren. Ein gutes Zeitfenster, um diese zentrale Thematik umfassend aufzugreifen und neue Stabilität im Miteinander zu schaffen. Immerhin stehen auch der Nieren-Minister und der Herz-Kaiser in einem harmonischen Verhältnis zueinander. Ergänzung und Kontrolle in perfekter Manier.

3. Der Versuch einer Wetterbeschreibung im Jahr der Nachfolge

Das untere Trigramm Dschen, der erregende Donner, steht für den Frühling, das erwachende Leben nach der Winterzeit. Im Winter selbst, bringt man ihn in Verbindung mit Bodenfrost, denn das astrologische Jahr beginnt ja zur Wintersonnenwende. So dauert die erste Linie etwa zwei Monate, also vom 21. Dezember bis zum 21. Februar. Allerdings endet das Jahr 2022 recht mild mit seinem oberen Trigramm Feuer. Bezieht man das obere Brückentrigramm der Nachfolge, ebenfalls Li, das haftende Feuer mit ein, dann findet das Milde eine weitere Bestätigung. Es durchdringt nämlich das Yang des Donners am untersten Linienplatz, hat also einen wärmenden Einfluss auf den frostigen Boden. Allerdings ist da noch das obere Brückentrigramm Kan, das abgründige Wasser. Da es ebenfalls das Yang des Donners durchdringt, ihn also nährt, wird es zu viel Regen führen, der in Richtung Frühling heftig sein kann. Was dem Donner folgt, ist das untere Kerntrigramm Berg und es steht für einen Wetterwechsel hin zu nasskaltem und trübem Klima. Das obere Kerntrigramm Xun, der sanfte Wind in Verbindung mit Dui, dem heiteren See, lässt dann aber in den Sommer hinein alles in freundlichem Licht erstrahlen, allerdings mit mehr Regen als im Jahr zuvor. Das Erschütternde unterstellt sich freiwillig dem Heiteren, und so steht ganz allgemein das mild gestimmte Wetter im Vordergrund, das sich wieder bis in das späte Jahr 2023 hinein hält.

Zeitrahmen vom 21.12.–21.02.2023

Entspricht der ersten Linie der Nachfolge, dem Yang des unteren Trigramms Donner. Diese wird überlagert von Li, dem haftenden Feuer und zeigt eine sehr milde Komponente von Klima, allerdings durchzogen von frostigen Tagen. Damit dürften wir es in diesem Winter immer wieder zu tun haben. Schnee ist nur wenig auszumachen. Wandelt sich die Yanglinie des Donners, führt dies zur Erde, was trübes und wolkenreiches Wetter bedeutet. Das Heitere darüber verweist auf freundliche Bedingungen, allerdings in höheren Lagen. Insgesamt also mild, auch in niederen Gebietslagen.

Zeitrahmen vom 21.02.–21.04.2023

Die Linien zwei und drei sind die Schallwellen des Yang-Impulses von unten und insofern ein Teil von diesem. Frühlingshaft war seine Stimmungslage und aus diesem Grund zeigt sich ein richtiger Winter auch jetzt nicht. Das untere Kerntrigramm Gen, der haltende Berg, verweist lediglich auf einen Wetterwechsel in Richtung von nasskalt. Da er aber in Resonanz zum Yang des Donners steht, hält er das frühlingshafte Klima und so richtig unangenehm sollte es deshalb nicht mehr werden. Allerdings könnte einiges an Regen fallen, was für das bevorstehende Wachstum in der Natur eine günstige Ausgangssituation ist.

Zeitrahmen vom 21.04.–21.06.2023

Es ist Frühlingszeit und das obere Kerntrigramm Xun, der sanfte Wind, verleiht ihm sanft-heiteren Ausdruck. Das Wachstum der Bäume und Pflanzen könnte üppig werden, allerdings weht konstant ein kräftiger Wind. Wir sind in der dritten Linie angekommen und deren Wandlung bringt das Trigramm Feuer hervor. Wo dieses steht, da ist Trockenheit und das Wandlungszeichen 49 – Die Mauserung deutet auf einen frühen Sommerbeginn hin. „Die Raupe wandelt sich zum Schmetterling“, so das Bild dazu oder anders gesagt: Ein rascher Wechsel von Winter auf Sommer findet statt und auch das untere Yang von Dui, dem Heiteren ist sehr nahe.

Zeitrahmen vom 21.06.–21.08.2023

Wir sind in der vierten Linie des Zeichens angelangt, die den Beginn des oberen

Trigramms Dui, der heitere See andeutet. Wandelt man dessen untere Linie, dann erscheint Kan, das Wasser, was auf eine regenreiche Zeit hindeutet. Nimmt man noch das Wandlungszeichen 3 – Die Anfangsschwierigkeit hinzu, dann könnte man schreiben, dass sich der Sommer immer wieder schwertut, als solcher eindeutig zu erscheinen. Er schwimmt in einer „Fruchtblase“, gefüllt mit Wasser. Was anderes könnte das bedeuten, als dass es immer wieder wie aus Kübeln heftig regnet und es sich dann, so schnell es gekommen ist, wieder zum Heiteren hin verändert. Man bedenke, dass die vierte Linie mit der ersten des Donners interagiert, was das Rasche bestätigt.

Zeitrahmen vom 21.08.–21.10.2023

Mitten im Tiegel des Heiteren angekommen, erleben wir den Rest des Hochsommers und den Herbst als eindeutig freundlich und warm. Das hier beginnende untere Brückentrigramm Li, das haftende Feuer, unterstütz diese Aussage. Hinzu kommt das Wandlungszeichen 51 – Das Erschütternde und wiederholt den Donner an unterer Stelle, der hier als „Leitstern“ des Guten und Wahren bezeichnet wird. Ein zweiter Frühling mitten im Herbst zeigt einen klaren Himmel, begleitet von sanftem Wind. Ein ideales Wetter für Aktivitäten im Außen und auch der inneren Stimmungslage schmeichelt es. Allerdings dürfte es eine trockene Periode sein, die lediglich nachts eine höhere Luftfeuchtigkeit zeigt, besonders im Herbst.

Zeitrahmen vom 21.10.–21.12.2023

Die letzte Linie ist das Yin von Dui, die zugleich der Startpunkt des unteren Brückentrigramms Kan, das Wasser ist. Allerdings wird sie auch von Li, dem Feuer durchzogen und bringt in der Wandlung das Zeichen 25 – Die Unschuld hervor. Für mich ein eindeutiger Hinweis auf ein frisches, angenehmes Klima mit klarem Himmel, das sich im Dezember dann als frostig zeigen kann. Insgesamt gibt sich das Heitere alle Ehre durch das gesamte Jahr und das Klima im darauffolgenden Jahr der Unschuld wird bringen, was dem Wandel entspricht.

顓俊尊帝圖
大禹

Kapitel V

Die sechs Linien der Nachfolge

„Wer es versteht, die Verfolgung der Hauptlebensader
zu seiner Grundrichtung zu machen, der ist imstande,
seinen Leib zu schützen, sein Leben völlig zu machen,
dem Nächsten Gutes zu tun
und seiner Jahre Zahl zu vollenden."

Dschuang Dsi (Zhuangzi), Das wahre Buch vom südlichen Blütenland, Anaconta

1. Linie: Zur Tür hinausgehen

Lingua/Hex-Code 14: Zugänglich sein ohne die Grundsätze aufzuweichen

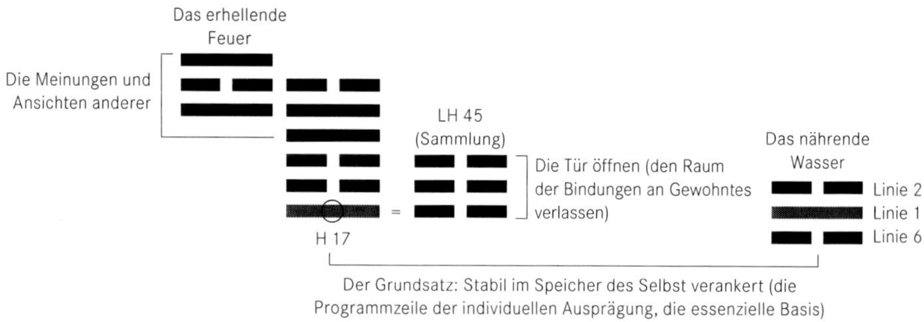

Das Maßgebende ändert sich. Beharrlichkeit bringt Heil.
Zur Tür hinausgehen im Verkehr schafft Werke.

Es gibt Ausnahmezustände, da das Verhältnis von Leiter und Geleitetem sich ändert. In der Idee der Anpassung und Nachfolge liegt es, daß man, wenn man andere leiten will, zugänglich bleibt und sich bestimmen läßt von den Ansichten der Untergebenen. Nur muß man dabei feste Grundsätze haben, daß man nicht schwankend wird, wo es sich nur um Meinungen des Tages handelt. Wenn man erst bereit ist, auf Meinungen anderer zu hören, so darf man nicht immer nur mit Gleichgesinnten und Parteigenossen zusammensitzen, sondern man muß zur Tür hinaus und mit Menschen allerlei Art, ob Freund, ob Feind, unbefangen verkehren. Nur dadurch bringt man etwas zustande. (Richard Wilhelm, I Ging)

Wer andere leiten will,
muss sich selbst anzupassen verstehen

Obwohl die Kompetenzen vorhanden sind, um von anderen Pflichttreue zu verlangen, sollte man nicht darauf beharren. Besser ist es, den Weg der Wissenserweiterung zu wählen, indem man sich die Meinungen anderer anhört, egal in welcher Stellung, Reife oder Alter diese sind. Wer andere leiten will, muss selbst in seinem Wesen zugänglich bleiben und, wie die Texte sagen, „zur Tür hinausgehen" und mit den Menschen offen verkehren.

Es gilt also sich anzupassen, ohne dabei die inneren Grundsätze aufzugeben. *(Rene van Osten, Buch vom Leben)*

Zieht man das Wandlungszeichen 45 – Die Sammlung hinzu, lassen sich die Aussagen tiefer gehend beleuchten. Mit der Wandlung der ersten Linie wird das Fundament der Persönlichkeit geöffnet, die Tür ins Leben und es erscheint die empfängliche Erde. Diese Tür zu öffnen bedeutet, aus dem Raum der Bindungen hinauszutreten und zugleich einen Zugang zur Basis des Wesens zu schaffen. Schwankend wird man nur, wenn es darin Anhaftungen gibt, die den Fuß daran hindern, den freien Raum zu betreten. Es wird im obigen Text von Grundsätzen gesprochen, die man nicht aufgeben soll. Ein Grundsatz sollte als Satz verstanden werden, der etwas Wesentliches beschreibt. Etwas Unverfälschtes, das man sich nicht zurechtlegt oder vornimmt. Man muss sich selbst von dort aus kennen, dann braucht es keine Haltung, die von der eigenen Meinung nicht abweichen kann. Stärke ist kein gewaltsames sich durchsetzen, sondern eine offene Teilhabe an Welt und Leben. Ein unbefangenes miteinander verkehren wird angezeigt und das ist nur möglich, wenn man nicht selbst befangen ist, gefangen und verfolgt von den Folgen nicht aufgelöster und integrierter Elternbilder. Ist dieser Hintergrund bearbeitet, vergibt man sich nichts, muss nicht um Autorität buhlen und ihr durch lautstarke Anordnungen Ausdruck verleihen.

Zeitbezogene Analyse der ersten Linie: 21. Dezember bis 21. Februar

Das klingt ja so, als würde hier der Volksmund zur Sprache kommen und das Führende und Bestimmende hört zu. Vielleicht stehen sie ja auf, nehmen das Megafone zur Hand und erzählen, was es zu erzählen gibt. In der Schweiz könnte das auch eine Volksabstimmung sein. Wenn die Parlamentarier aus der Tür hinausgehen und sich volksnah zeigen, hat das meistens einen peinlichen Charakter und wenig Ehrlichkeit. Aber es wird ja in den Texten von einem Ausnahmezustand gesprochen, durch den sich das Verhältnis von Leiter und Geleitetem ändert. Er muss sehr zwingend sein, denn auch das Alter und die Reife spielen scheinbar keine Rolle und dies bei Freund und Feind. Da ist man erst einmal sprachlos und überlegt, wie das gehen soll. Schieben wir es dem Einfluss der Zeit in die Schuhe, denn das unsere „Parteigenossen und Lobbyisten“ aus echtem Wohlwollen heraus die vernagelten Türen der Selbstbefriedigung aufstoßen und Räume öffnen, ist kaum vorstellbar.

Sich selbst bezeichnen sie als Staatsdiener, fragt sich nur, wer der Staat ist? Ein und dasselbe natürlich. Der Staatsdiener dient dem Staat, den er selbst erschaffen hat. Er dient also sich selbst.

Um welchen Ausnahmezustand könnte es sich handeln, der die politischen Organe dazu nötigt, sich mit denen auszutauschen, über die sie herrschen? Die eigene Glaubwürdigkeit? Ein plötzlich erwachter Sinnbezug ihrer Tätigkeit, der Allgemeinwohl heißt? Man hat bei der momentan herrschenden Riege das Gefühl, dass sie etwas Großes wollen, leider aber nicht die geistige Kapazität und auch nicht die Courage besitzen es umzusetzen. Vielleicht sollten sie die Problemlagen nicht nur in den eigenen Reihen diskutieren, sondern diejenigen befragen, für deren Wohl sie schließlich da sind? Leider haben wir es heute mit einem Machtgefüge zu tun, bei dem sehr wenige auf alles Einfluss haben, und da sind solche volksnahen Bekundungen geradezu gefährlich. Deshalb lieber Vorgaben machen, die der volkswirtschaftlichen Infrastruktur vermeintlich dienen, dann kann es den Strippenziehern nicht entgleiten. Bauen wir auf den Selbstbezug und die Selbstverantwortung jedes einzelnen, denn wenn der innere Haushalt aufgeräumt ist, dann kann man den Menschen nicht so ohne Weiteres etwas verkaufen oder sie nach Belieben händeln.

2. Linie: Dem kleinen Knaben anhängen

Lingua/Hex-Code 15: Die niederen und die höheren Richtlinien

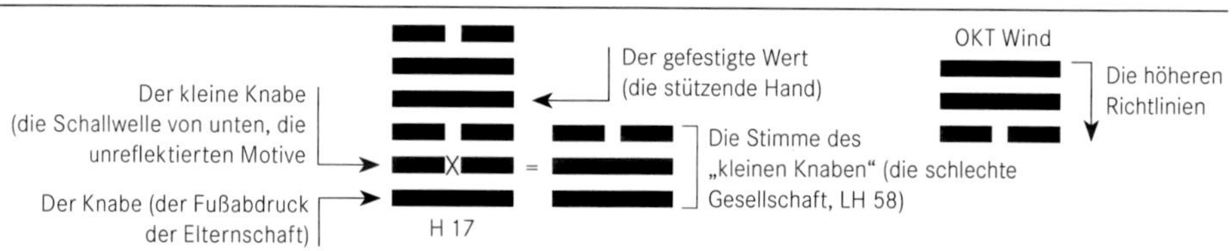

Sechs auf zweitem Platz bedeutet:
Hängt man sich an den kleinen Knaben,
so verliert man den starken Mann.

Bei Freundschaft und engen Beziehungen muß man in der Auswahl vorsichtig sein. Man macht sich entweder eine gute oder eine schlechte Gesellschaft. Man kann nicht beide zugleich haben. Wenn man sich an Unwürdige wegwirft, so verliert man den Anschluß an geistig bedeutende Menschen, die einen im Guten zu fördern vermögen. (Richard Wilhelm, I Ging)

Folgt man dem Unwürdigen,
verliert man den Anschluss an höhere Werte

Anstatt sich an den höheren Richtlinien zu orientieren, ist man geneigt, den unwürdigeren zu folgen, weil dies beim ersten Hinsehen der weniger anstrengende Aspekt zu sein scheint. Wer aber ein bedeutendes Ziel anstrebt und dabei den bequemeren Wegen folgt, der wird niemals ankommen. Jetzt gilt es sich zu entscheiden, denn man hat entweder „eine gute oder eine schlechte Gesellschaft", so das Yì Jing, beides zusammen ist unmöglich. Aber dies erfordert nicht nur Courage, sondern auch Anpassungsfähigkeit, was für den Weg zu gefestigten Einsichten unumgänglich ist. Noch ist es Zeit die eigene Motivation zu prüfen, denn hat man sich dem Unwürdigen erst einmal zugewandt, verliert man den Anschluss an höhere Werte immer mehr.

Es wird vom Knaben gesprochen, an den man sich hängt und es sind zwei männlich-maskuline Aspekt im Spiel. Zum einen Dschen, der erregende Donner und zum anderen Gen, der haltende Berg. Da die Nachfolge eine vertikale Entwicklungsrichtung zeigt, also nach vorne und oben verweist, ist der Knabe der jugendliche Fuß des Donners, der starke Mann, die stützende Hand von Gen. Er bildet den Boden des Charaktertiegels von Dui und steht zugleich für die gefestigte Essenz und einen stabilen Haltungswert. Das Wort klein bezieht sich auf das Yin der zweiten Linie, das Teil des Donners ist. Sozusagen eine Schallwelle seiner ursächlichen Durchschlagskraft.

Auch hier bringt die Wandlung der Linie weitere Aufschlüsse. Es erscheint nämlich das Doppelzeichen 58 – Das Heitere und mit ihm ein zweiter Tiegel, der sich aus dem „knabenhaften Donner" heraus bildet und deshalb von unreifen Aspekten durchtränkt ist. Im Vergleich zum oberen, der einen gefestigten und gereiften Inhalt aufweist, ist dieser hier wenig reflektiert. Die in den Texten so bezeichnete „gute oder schlechte Gesellschaft" bezieht sich darauf. Courage fehlt ihm, eindeutige Motivation auch und so sucht er nach bequemen Wegen, um ans Ziel zu kommen.

Zeitbezogene Analyse der zweiten Linie: 21. Februar bis 21. April

Dem kleinen Jungen zu folgen, anstatt Standhaftigkeit zu beweisen, das ist in den politischen Reihen an der Tagesordnung und es ist nicht verwunderlich. Schrumpft man sie einige Jahre zurück, dann sieht man sie – und nicht nur sie, sondern alle erwachsenen Menschen, im Sandkasten und an der Hand von Mutter und Vater. Der kleine Knabe ist ein Symbol für das Unzulängliche und Unreife, eben den Kinderschuh am Erwachsenenfuß, der fehlenden Courage ganz zu sich selber zu stehen. Dieser innere Notstand, der auf einem reiferen und einem unreifen Wert gleichzeitig beruht, nötigt eine Haltung hervor, mit der keine bedeutenden Ergebnisse erzielt werden können. Es setzt Arbeit voraus, wie im umgekehrten Hexagramm so bezeichnet, die Arbeit am Verdorbenen. Und das macht auch beim Erwachsenen nicht halt. Gerade er sollte wissen, aus welchem Stoff er gewebt wurde, woraus er gewachsen ist und was sich in ihn verwachsen hat, sodass die Sandkastenspiele nicht immer wieder durchbrechen. Was sind denn die Motive, dass jemand in die Politik geht oder Banker oder Manager wird? Es ist die Freude und die Lust daran, Einfluss auszuüben, weil man glaubt, man hätte etwas zu sagen und etwas zu geben.

Was dazu notwendig ist? Ein Politik- oder betriebswirtschaftliches Studium, auch Jura ist eine Möglichkeit, aber keine zwingende Voraussetzung. Man hat studiert und ist kompetent. Die beängstigenden Auswüchse eines solchen Status quo demonstriert uns die „moderne Schulmedizin“. Doch wo bleibt das Selbststudium? Die tiefere Auseinandersetzung mit dem Prinzip Mensch und Leben an sich? Das wäre doch das Wichtigste, denn Menschen sind das Material, mit dem gearbeitet wird. Der gesamte medizinische Bereich und das Bildungssystem sind überlagert von reduziertem Kopfkino. Der kleine Knabe wird wunderbar kompensiert mit intellektueller Bildung, er wird weg rationalisiert vom Wissensmonster des Titelträgers und hat fortan zu schweigen, was er nicht tut. Es ist unglaublich, wie sehr der Mensch sich vor seinem eigenen Menschsein fürchtet und alles tut, um sich in den Griff zu bekommen und hat er eine Methode gefunden, hält er zäh daran fest. Ehre, Amt und Titel sind wunderbar geeignet, denn sie wirken wie ein Schutzschild unangreifbarer Stärke, hinter dem man sich dauerhaft verstecken kann. So ist die eine Ebene des äußeren Eindrucks zwar gelungen, die Wesentliche aber im Unzulänglichen stecken geblieben.

Ich sage es noch einmal: An all dem ist nichts Schlechtes. Wie sollte es anders sein? Es ist das Spiel des Lebens und Menschen sind Menschen. Sie unterliegen wie die Natur dem Prinzip der Wandlung.

Beginnend im Niemandsland der Entstehung, versehen mit einem Päckchen spezifischer Eigenarten, manifestieren sie sich als Kind von Vater und Mutter sowie deren Ahnenreihe und ahnen nichts. Alles ist schon da. Es bricht sich Bahn aus ihnen heraus und führt unvermeidbar zu all dem, was sie als ihr Leben bezeichnen. Sie halten sich bemühend auf mit dem, was sie bestimmt und glauben, sie hätten es gewählt, nehmen es also persönlich – und die Probleme nehmen ihren Lauf. Von dieser Problemebene der Unwissenheit handeln all die Ausführungen, denn sie ist die Ebene der subjektiven Beurteilung von gut und schlecht, der Vorstellungen und Ansprüche, eben der Geschichte, die als persönlich erlebtes Leben im Bewusstsein erscheint. Nicht ernst zu nehmen und doch von dort aus betrachtet eine ernst zu nehmende Sache.

3. Linie: Dem starken Mann folgen

Lingua/Hex-Code 16: Die neue Seite im Lebensbuch

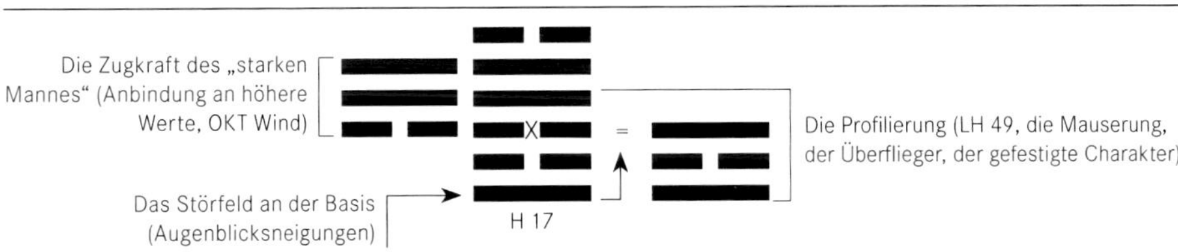

Hängt man dem starken Mann an,
so verliert man den kleinen Knaben.
Durch Nachfolge findet man, was man sucht.
Fördernd ist es, beharrlich zu bleiben.

Wenn man den rechten Anschluß bei bedeutenden Menschen gefunden hat, so ist damit naturgemäß ein gewisser Verlust verbunden. Man muß sich vom Niederen, Oberflächlichen scheiden. Aber man wird sich doch im Innersten befriedigt fühlen, indem man findet, was man für die Förderung der Persönlichkeit sucht und braucht. Nur gilt es fest zu bleiben. Man muß wissen, was man will, und darf sich nicht durch Augenblicksneigungen irremachen lassen.

Der Weg des Guten
ist konsequent zu verfolgen

Diese Linie befindet sich im Aufwind des oberen Kerntrigramms Wind und stellt außerdem den Platz unterhalb des unteren Kerntrigramms Berg dar, womit angedeutet wird, dass man den Anschluss an bedeutende Menschen oder Kräfte gefunden hat und sich von der niederen und zweifelhaften Gefolgschaft trennen kann. Aber noch ist man nicht auf dem Gipfel des Erwünschten angekommen, weshalb man weiterhin entschlossen und beharrlich dem Weg des Wahren folgen muss, um nicht wankend zu werden. Nur durch diese konsequente Anpassung wird man finden, was man sucht, und dabei gleichzeitig seinen Charakter stärken.

Das innere Hexagramm 53 – Die allmähliche Entwicklung deutet es an: Entwicklung geschieht und hier hat sich eine gewisse Reife eingestellt, ausgedrückt in der vierten Linie des UKT Berg, dem Symbol für Festigkeit und Weisheit. Der kleine Knabe oberflächlicher Belange hat sich profiliert, dem Wandlungszeichen 49 – Die Umwälzung entsprechend gemausert.

Aus der Raupe der Kleinheit ist ein bunt schillernder Schmetterling geworden, der sich in die freien Lüfte erheben kann. Die Natur folgt ihrem Lauf. Was drin ist, im Samen des Anfangs, das wird heraus kommen. Das Umfeld der Raupen konnte verlassen werden, nun ist es das Umfeld der Flieger, der Überflieger, in dem es sich zu bewähren gilt. Das Gemeine lauert auf allen Ebenen, denn wenn es nicht vollständig von der Basis her geläutert wurde, bleibt es auch beim Fliegen ein zäher Verfolger, was nicht selten zum Absturz zurück auf den Boden der Tatsachen führt. Wie das Yi Jing es so treffend sagt: Diese Verfolger sind die Augenblicksneigungen, die als Störfelder die feste Verbundenheit verunsichern. Es darf nicht übersehen werden, dass die dritte Linie noch immer eine letzte Schallwelle des Donnerknaben unten ist, es also noch unbekannte Erschütterungen gibt, die treffen können.

Zeitbezogene Analyse der dritten Linie: 21. April bis 21. Juni

Die Zeilen der dritten Linie klingen hoffnungsvoll nach Abkehr vom Oberflächlichen der letzten Jahre und der Hinwendung an freudebringende neue Perspektiven. Es ist die Zeitbewegung, die das möglich macht, denn dieses andere und oftmals als neu bezeichnete, existiert schon lange. Man entdeckt es als für sich als neu und lohnenswert, aber so ist das. Das „knabenhaft Unzulängliche“ existiert Seite an Seite mit dem reiferen Wert und erst wenn das Zeitfenster der Entwicklung den Blickwinkel darauf frei gibt, steht es im Raum. Gerade der Aspekt der Umwälzung, der sich in der Linienwandlung zeigt, macht Dinge möglich, die zuvor als undenkbar erschienen. Man hing etwas an, verliert das Interesse und folgt nun anderen Werten. So lange die Raupe am Boden kriechend ihre Existenz zu bewältigen hat, wird sie es mit den ihr zur Verfügung stehenden Mittel tun, im Stadium des gewandelten Schmetterlings sieht das anders aus, gleichwohl es ebenso um existenzielle Belange geht. Würde man nicht die Zeichen der kommenden Zeiten kennen, man könnte glauben, dass sich die bislang geltenden Ideale der Nachfolge abgelebt haben und der Zugriff auf die Notwendigkeiten der Zeit erleichtert wird. Nun ja. Ganz so idealisiert sehe ich das nicht, allerdings wird einiges abgearbeitet werden, zwangsläufig und unabdingbar. Da gibt es keine große Wahl und so wird man sich dem Beugen, was der Zeitenwechsel vorschreibt. Mit menschlicher Intelligenz und höherer Einsicht hat das nichts zu tun. Man kommt dorthin, weil sich das kosmische Rad universaler Verhältnisse nach dorthin dreht.

Was noch der besonderen Aufmerksamkeit bedarf, sind die im Text erwähnten bedeutenden Menschen, mit denen man es dank der Entwicklung zu tun bekommt und dem Kraftfeld, das sich damit auftut. Das ist ganz sicher ein gewinnbringendes Erlebnis und liegt an der Hand der Zeit, die sich als sanft beharrlich in der Berg-Wind-Kombination von UKT und OKT zeigt. Beide durchdringen den Charakter-Tiegel des OT See, stabilisieren also die Entschlusskraft des „großen Knaben" von unten und innen heraus. Doch wer sind diese? Sie müssen ja dem Feld des Krisenchaos entstammen und etwas zu bieten haben, dem zu folgen sich lohnt. Es gibt sie ganz bestimmt, allein durch die Veränderung, die sich im Innen der Menschen vollzieht, treten sie wie aus dem Nichts in Erscheinung. Alles, was der Mensch für sein Seelenheil benötigt, existiert, weil er existiert.

Es klingt irgendwie nach Revolution und das Wandlungszeichen 49 spricht auch davon. Es wird eine neue Seite im Lebensbuch aufgeschlagen, so heißt es dort, und was das für die politische, wirtschaftliche, ökologische und gesellschaftliche Ordnung zu bedeuten hat, das werden wir sehen. Angesichts der herrschenden Krisen der politischen Krisenveranstalter springt mir an dieser Stelle das Megafon der Revolutionsführer ins Gesicht - und es wäre an der Zeit, es einmal anklingen zu lassen. Nachfolge bedeutet auch Aufmärsche und Parolen und es gibt so viele Gründe, endlich Nein zu sagen und klare Kante zu zeigen. Stellt euch vor, Big Daddy will Geld und man gibt es ihm nicht! Die Arbeit am Verdorbenen.

Eine unabdingbare Maßnahme, die auch vor Institutionen und deren Vertretern nicht halt macht und wenn sie nicht selbst dahinter kommen, dann muss ein deutlich lesbares Hinweisschild die Richtung vorgeben.

4. Linie: Die falschen Anbeter

Lingua/Hex-Code 17: Was man anzieht, ist Teil von einem selbst

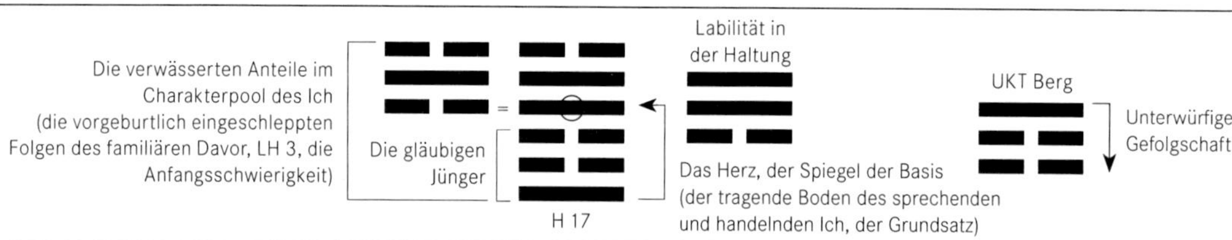

Die Nachfolge schafft Erfolg. Beharrlichkeit bringt Unheil.
Mit Wahrhaftigkeit auf dem Weg zu wandeln,
bringt Klarheit.
Wie könnte das ein Makel sein?

Es gelingt oft, wenn man einen gewissen Einfluß besitzt, daß man Nachfolger findet durch Leutseligkeit nach unten hin. Die Menschen, die sich einem anschließen, meinen es aber nicht ehrlich. Sie suchen ihren persönlichen Vorteil und suchen sich durch Schmeicheleien und Unterwürfigkeit unentbehrlich zu machen. Wenn man sich an solche Parteigänger gewöhnt, so daß man nicht mehr ohne sie sein kann, so bringt das Unheil. Nur wenn man ganz frei ist von dem eigenen Ich und mit Überzeugung nur auf das Rechte, Sachliche bedacht ist, bekommt man die Klarheit, solche Menschen zu durchschauen, und wird frei von Makel. (Richard Wilhelm, I Ging)

Wer sich nicht von falschen Nachfolgern beirren lässt,
bleibt den eigenen Grundsätzen treu

Es ist hier eine Person gezeigt, der es gelungen ist, in eine hohe Position aufzusteigen oder anders gesagt, in ihrer Entwicklung weiterzukommen. Dies liegt in ihrem natürlichen und aufrichtigen Wesen begründet, mit dem sie sich den anderen Menschen verbunden sieht. Doch wie so oft bei einem solchen Charakter, findet sich eine Anhängerschaft allzu gläubiger Jünger ein, die sich durch gespielte Unterwürfigkeit einen Vorteil zu erschleichen hoffen. Auch wenn man selbst das Rechte und Wahre im Sinn hat, so ist doch die eigene Stellung sehr labil, und man muss darauf achten, dass man sich nicht an diese falschen Anbeter gewöhnt, sondern den Grundsätzen treu bleibt, die einen hierher gebracht haben. Um die eigene Unabhängigkeit in alle Richtungen zu bewahren, ist es am besten, man dient diesen Anhängern lediglich als Wegweiser, dann bleibt man vor jeglichem Schaden bewahrt.

Die Texte sprechen das Übel an, das die hier gezeigte Situation aufwirft. Als das „eigene Ich" wird es bezeichnet und es ist ein Gewohnheitsprinzip, das sich als Person verkleidet. Es leidet immer an Mangel, ganz deutlich zu spüren darin, das es die Person durch Bedürftigkeit beherrscht. Da wird auch von „falschen Nachfolgern" gesprochen, die man anzieht, was kein Wunder ist bei der Kehrseite, die ganz besonders in einer Position zum tragen kommt, von der andere Menschen profitieren können. Was man anzieht, ist Teil von einem selbst und wenn man Menschen anzieht, die es nicht ehrlich meinen, sich einschmeicheln, um daraus einen Vorteil zu ziehen, dann sollte man an die Schattenfelder der Übertragungen denken, die Vater- und Mutterbilder heißen. Sie sind die Magnete der Abhängigkeiten und ziehen das Unzulängliche an. Die vierte Linie ist der tragende Boden von Dui, dem heiteren See und dieser ist dem sprechenden, fühlenden und handelnden Ich zugeordnet. Zugleich ist hier der Platz des Herzens erreicht und damit der Spiegel der in der Basis veranlagten elterlichen Essenz. Der Fußabdruck äußert sich in der Handhabung.

Wandelt man diese Linie, öffnet also den Tiegel des Ich am tiefsten Wesensgrunde, dann erhält man das Zeichen 3 – Die Anfangsschwierigkeit, das den pränatalen Vorgang der Entstehung schildert, in diesem Fall die verschleppten Folgen. Wer nicht wirklich weiß, wessen Eltern Kind er ist, der erfindet sich als etwas und bekommt dieses Übel immer wieder in der Gefolgschaft gespiegelt. Man hat Anhängerschaft, hängt aber bedingt durch das eigene labile Ich-Gefühl zu sehr an diesen und wird so zum Spielball deren Bedürftigkeit und Ansprüchen. Einfluss zu haben bedeutet deshalb, dass man den Fluss in sich selber kennen muss, der dieses „Einssein" hervorbringt. Wie es im Wort selber schon angedeutet wird: Es ist die Eins, der seelische Kern, der quellende Urgrund allen Ausdrucksvermögens, in dem ruhend alles im Fluss bleibt. Genau hier liegt das Problem begründet.

Der See des Ich ist zwar gefüllt mit den Inhalten des Selbst, allerdings von Anteilen getrübt, die sich aufweichend im Herzensgrund verankert haben. Der versengte Müll im klaren Gewässer des Meeres. Wenn dieser entsorgt ist, dann kann man Wegweiser sein, ohne der Gefahr zu unterliegen, sich auch noch einkassieren zu lassen.

Zeitbezogene Analyse der vierten Linie: 21. Juni bis 21. August

Ob dieser Umstand des Einschmeichelns auch Menschen begegnet, die sich in die Politik begeben? Ganz bestimmt um so mehr, je höher die Position. Da ist die Industrie, die Pharmakonzerne, die Banken und bestimmt noch andere, die dies versuchen, um Vorteile zu erlangen. Nicht zuletzt wird der Erfolg eines Politikers am Wohlstand seiner Wählerschaft gemessen und was Wohlstand bedeutet, darüber entscheidet das bedürftige Ich-Wesen aller Beteiligten. Was den politischen Menschen so interessant macht, ist sein Bekanntheitsgrad, denn er wurde ja offiziell gewählt. Er hat Inhalte kundgetan, für die er steht, hat dies entsprechend vertreten und hat Nachfolger gefunden. Diese sind für die oben genannte Liga interessant, denn es ist das Volk, der Konsument und kleingläubige Verbraucher, den man gebrauchen will und er spielt noch gerne mit, denn man schmeichelt auch ihm und schafft so Abhängigkeit. Nutznießer ist ein Wesensaspekt des Menschen, mal mehr, mal weniger ausgeprägt. Man hat es sehr gut in dem Begriff „Connections“ oder auch dem Vitamin B bedeutungsgleich mit Beziehungen kultiviert. Nutznießer sind welche, die andere nutzen, um selbst in den Genuss von etwas zu kommen, das sie sonst nicht erlangen könnten. Wieder der Minderwert, der auf billige Art und Weise kompensiert wird. Der kleine Knabe schlägt doch immer wieder durch!

Was erwartet uns denn unter solchen Vorzeichen? Ich denke zunächst einmal ganz persönliche Erlebnisse mit dem Thema Labilität in der Haltung zu sich selbst und dem Umgang mit anderen allgemein. In der Öffentlichkeit könnten es Menschen sein, die Wichtiges und Richtiges zu sagen haben und die man versucht, mit schmeichlerischen Angeboten sanft einzuwickeln und sie für eigene Interessen zu gewinnen. Ich spreche von den unbekannten Netzspinnern im Hintergrund, die alles unter Kontrolle haben und diese keinesfalls abgeben wollen. Man kann nur hoffen, dass die neue Generation, für deren bunte Seifenblasen nicht anfällig ist und sie durchschaut. Viel gehört nicht dazu, bei den physiognomischen Auffälligkeiten sind sie leicht zu erkennen. Gehen wir noch einmal zurück zur ersten Linie, wo geschrieben steht, das sich das Maßgebliche ändert und man zur Tür hinausgehen soll, um etwas zu bewirken. Die Wandlung führte zum Zeichen 45 – Die Sammlung allerdings nicht im althergebrachten Verständnis von immer die gleichen Menschen um sich herum zu versammeln. Hier sind es die Auswirkungen einer solchen korrekt orientierten Handlung und sie scheinen erfolgreich zu sein, denn es sammeln sich nun tatsächlich unterschiedliche Menschen an, allerdings beachte man die beigefügte Warnung. Der „Knabe mit bedürftigen Triebanteilen" hat das Feld nicht gänzlich geräumt. Was ich sagen möchte, ist, dass die Nachfolge ein gutes Zeitfenster ist für Unternehmensgründungen mit zeitgemäßen Profilen.

5. Linie: Dem Schönen und Guten folgen

Lingua/Hex-Code 18: Der Leitstern hoher Ideale

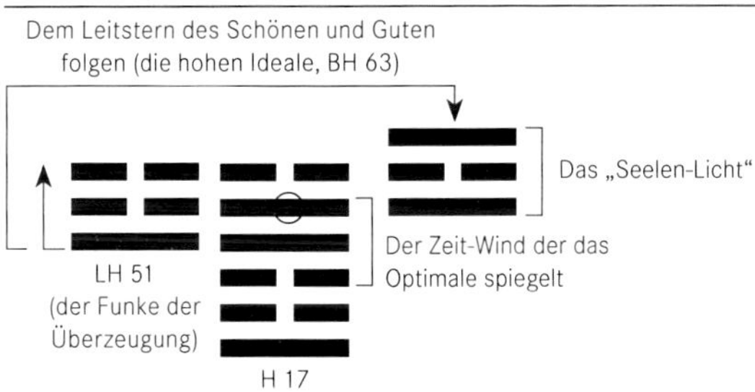

Wahrhaft im Guten. Heil!

Jeder Mensch muß etwas haben, dem er nachfolgt, das ihm als Leitstern dient. Wer dem Schönen und Guten mit Überzeugung nachfolgt, der mag sich durch dieses Wort bestärkt finden. (Richard Wilhelm, I Ging)

Man folgt dem Wahren
und Guten

Hier am zweiten herrschenden Platz des Hexagramms findet sich ein starker und in seinem ganzen Wesen korrekter Edler mit freundlicher und weltoffener Gesinnung. Sein innerer Reichtum ist ein natürlicher Besitz und ganz diesem entsprechend folgt er seinen weisen und guten Vorbildern hoher Ideale. Eigene Anhängerschaft braucht er keine, da ihn diese nur vom Wesentlichen ablenken würden. Indem er sich selbst den höchsten Anforderungen unterstellt, wird er sein hohes Ziel erreichen.

Am fünften Linienplatz, dem Platz des wissenden Selbst, wird von einem Leitstern gesprochen, dem man mit Überzeugung folgt. Dieses gezeichnete Bild hat verschiedene Hintergründe. Zunächst einmal beginnt hier das untere Brückentrigramm Li, das Feuer, das ein Teil des Brückenhexagramms 63 – Nach der Vollendung ist. Das Gute und Wahre ist also ein intuitives Erspüren von dem, was richtig und passend ist. Es ist etwas, das in der Luft hängt, ein Zeitenwind der das Optimale spiegelt und für denjenigen erkennbar ist, der den Sinn im Herzen trägt. Und hier kommt ein weiterer, erklärender Umstand ins Spiel.

Wandelt sich die fünfte Linie, dann erscheint der doppelte Donner von Hexagramm 51 – Die Erschütterung und dies auf der Ebene des Herzens. Dort ist er aufgegangen, der Leitstern des starken Mannes. Ein initialer Funke, der von unten geklärt das Herz entzündet. Er ist sein eigener Anhänger, denn das, was ihn motiviert, sind Ideale, die dem Leben dienen, wie die Kraft des Frühlings es tut. Was braucht es da noch der künstlichen Bestärkung von Anhängern? Sie werden sich einstellen und nehmen, was ihnen guttut. Entwicklung geschieht und für alles kommt die Zeit. Es ist eingewickelt im Samen des Anfangs und entfaltet sich wie ein Baum, der irgendwann reife Früchte trägt. So ist das Schöne und Gute gekennzeichnet durch das Zeitgemäße in klarer Übereinstimmung mit dem Gegebenen.

Zeitbezogene Analyse der fünften Linie: 21. August bis 21. Oktober

Es dürfte den Menschen schlagartig klar werden, dass es neuer Leitsterne bedarf, einer anderen und zeitgerechten Ausrichtung, die es intuitiv zu erfassen gilt. Das allerdings ist einfach, denn sie hängt bereits in der Luft und möchte gepflückt werden. Den politischen und anderen Leitfiguren dürfte das Leben allerdings schwer werden, denn was einen Stern ausmacht, ist sein Leuchten, das wegweisend ist. Deren Leuchten aber ist schon lange verblasst und auch das Leuchten der Menschen hat einen blassen Schimmer bekommen. Angesichts der sinnentfremdeten politischen und wirtschaftlichen Entscheidungen ist das kein Wunder. Wer die Folgen vergangenen Handelns nicht zu lesen versteht und stattdessen versucht, diese mit Rekordsummen an Investitionen glattzubügeln, der verpulvert und schafft schuldenreiche, instabile Zeiten. Was verdorben ist, muss bearbeitet werden. Schönfärben und künstlich beatmen hilft da nicht. So werden sich wohl die Leitsterne in Menschen finden, die es in sich selbst gefunden haben und nicht fragen nach

Nutzen und Zweck, sondern mutig voranschreiten, um das Licht einer anderen Zeit zu entzünden. Was anliegt, muss getan werden und in diesem Stadium braucht es keine Anhänger, sondern Überzeugung von der Richtigkeit des Tuns – und es wird unterstützt von der Zeit, denn sie ist optimal für das Aufarbeiten des Alten und das Schaffen von neuen Existenzen, was das Brückenhexagramm 28 beweist, das den gemeinsamen Nenner zwischen Durchbeißen und Nachfolge bildet. Dort sind sie auch angesprochen, die Pioniere, die selbst ihr Leben lassen für das Gute und Wahre. Es wird Zeit für weise Berater und offene Ohren der zu Beratenden und wenn es keine Wahl mehr gibt, dann folgen auch die verblassten Leitsterne den erfrischenden Ideen neuer Vorgaben, um ihren Licht-Tank wieder zu füllen. Allerdings werden sie abtreten und das Feld räumen, denn etwas Optimales können sie nur noch durch Selbsterkenntnis verwirklichen. So ruft es denn allen Neuerern zu: „Setzt euch in Bewegung und baut den Frühling eines anderen Zeitalters. Die Zeit ist reif und an eurer Seite“, wie es schon Mick Jagger sang: „Time is on my side. Yes it is“.

6. Linie: Wahrhaftig auf dem Weg

Lingua/Hex-Code 19: Die geistigen Fähigkeiten in den Dienst der Suchenden stellen

Er findet feste Anhänglichkeit
und wird noch dazu gebunden.
Der König stellt ihn dem Westberg vor.

Es handelt sich um einen Menschen, der das Getriebe der Welt für seine Person schon hinter sich hat, einen erhabenen Weisen. Aber es findet sich ein Nachfolger, der ihn versteht und nicht von ihm läßt. So kommt er noch einmal in die Welt zurück und hilft jenem bei seinem Werk. So entsteht eine Verbindung ewiger Art. Das Gleichnis ist gewählt von der Dschoudynastie. Diese Dynastie ehrte verdiente Gehilfen dadurch, daß sie einen Platz bekamen im Ahnentempel der Herrscherfamilie auf dem Westberg. Dadurch wurde ein solcher Mann in den Schicksalsbereich des Herrscherhauses aufgenommen. (R. Wilhelm, I Ging)

Eigenes Wissen
ist in den Dienst der Suchenden zu stellen

Hier in den oberen Regionen der geistigen Welt findet sich ein Lehrer und Weiser, der die Abgeschiedenheit außerhalb des Weltgetriebes bevorzugt. Er folgt den höchsten Idealen und ist nicht auf personenbezogene Nachfolge ausgerichtet. Da die anderen aber nicht von ihm lassen und ihm zudem große Ehren erweisen *(er wird als innerlich reiche und erfahrene Persönlichkeit anerkannt)*, entscheidet er sich, noch einmal in weltliche Dienste zu treten und mit seiner Weisheit den Führung Suchenden auf ihrem Weg zu helfen. (R. van Osten, Yi Jing, das Buch vom Leben)

Trotz der hohen Entwicklungsstufe, die hier erreicht ist, zeigt das untere Brückentrigramm Feuer eine rückbezogene Bindung an die „Welt des roten Staubes", wie die Taoisten den Boden der irdischen Anhaftungen nennen. Auch das Brückenhexagramm 63 – Nach der Vollendung erklärt, dass auch jede noch so vollendet erscheinende Entwicklung trotzdem nur als optimaler Teilerfolg zu verstehen ist, dem weitere Bewegungen folgen. Indem man also seine geistigen Fähigkeiten in den Dienst der Suchenden stellt, hilft man diesen, ihr Schicksal zu festigen (oberes Brückentrigramm Wasser, unteres Kerntrigramm Berg). Das Schicksal des Weisen ist, sich zu Diensten zu stellen, das Schicksal der Suchenden, den Weisungen zu folgen.

Was hier noch dazu kommt, ist das Wandlungszeichen 25 – Die Unschuld, oben der schöpferische Himmel, unten der erregende Donner. Es zeigt den Menschen als Fußabdruck des Himmels auf der Erde. Ein Samenfunke, der zur Erde fällt und den Auftrag erfüllt. So wie der Weise, der hier gezeigt wird, von dort gekommen ist und nun die Sphären des Himmlischen erreicht hat, so kommen auch die Nachfolger von dort. Sie sind Teil des Vorgängers, weil er ein geistiges Schicksal mit ihnen teilt. Immer wird sich etwas vollenden und das Vollendete zeigt seine Vollendung darin, das es anderen zur Vollendung hilft. Insofern bleibt es Teil des Irdischen, auch wenn es selbst in den Gefilden des Himmlischen weilt. Kommen wir noch auf den Ahnentempel am Westberg zu sprechen, in dem verdiente Gehilfen in alten Zeiten einen Ehrenplatz fanden. Die Ahnen sind im Zeichen mit dem oberen Kerntrigramm Xun, dem Wind verbunden. Er ist das Symbol für die feinstoffliche Aura und die energetische Rückbindung, sozusagen das Himmelsband zwischen den Irdischen und den Heimgegangenen. Der Westberg bezieht sich auf das untere Kerntrigramm Berg und das obere Trigramm Dui, den See, der im späten Himmel im Westen angeordnet ist. Da Gen den Boden von Dui bildet, kommt man zum Bild des Westberges. Der Tempel der Herrscherfamilie selbst findet sich im gewandelten Trigramm Qian, dem schöpferischen Himmel.

Zeitbezogene Analyse der sechsten Linie: 21. Oktober bis 21. Dezember

Das hier dargestellte Szenario erscheint als perfekter Jahresabschluss und gleitet dergestalt in das Jahr der Unschuld, das mit dem Zeichen 25 beschrieben wird. Das, was sich eingestellt hat, dem folgt man nach und es scheint einige Sterne zu geben, die am Himmel der Zeit aufgegangen sind, auch wenn sich das in der Mehrzahl zunächst nur am Himmel der Erkenntnis zeigt. Man folgt diesen Lichtpunkten ganz unschuldig, was immer daraus werden wird. Eine außergewöhnliche Situation und man darf gespannt sein, wer es ist, der noch einmal in die Welt kommt, um zu helfen und wer es ist, der sich dafür empfänglich zeigt. Weises Wissen liegt genügend vor und die Weisen, die dieses durch ihre eigene Person vertreten, gibt es in stillen Regionen auch. Braucht es nur noch die Zugänglichkeit der zu Belehrenden, die deren Weisungen folgen.

Diese Weisen kommen vom Westberg, so verschlüsselt es das Yi Jing, sind also sprachgewandt und handlungsbegabt, besitzen eine hohe spirituelle Würde und eine charismatische Ausstrahlung. Das können keine Leitfiguren billiger Herkunft sein, keine Schönredner und Wichtigtuer, keine Konsumgestalter und Gesundheitsvernichter und auch die Leichtgläubigen werden sich zu Ungläubigen derer Ansagen wandeln. Klingt nahezu prophetisch, aber die Sechzigerjahre haben es schon einmal vorgemacht und andere Zeiten weit davor ebenso. Wenn etwas geschwächt zu Ende geht, folgt etwas Starkes nach. Im herrschenden Chaos des Durchbeißens lauern viele Überraschungen und hat es sich erst einmal ausgetobt, lichtet es sich und dienstbare Geister treten auf die Bühne der Welt. Noch ganz unschuldig, nur dem inneren Wirken ihrer angelegten Natur verpflichtet, in Schuhen wandelnd, die zeitgemäß sind. Im großen Wagen brauchen sie nicht zu fahren. Ihnen erscheint es anmutiger zu Fuß zu gehen, als unrechtmäßige Abkürzungen zu nehmen. Das ist es, was gebraucht wird. Große Wagen sind keine Garanten für tragende Inhalte. Gerade kleingeistige Menschen fahren sehr gerne damit vor. Es geht um Dienste, die man leistet für eine große Sache und nicht um Dienstwagen, die man vorgibt zu brauchen, um diese zu leisten.

Kapitel VI: Ein Gastbeitrag von Diplom-Psychologin Yvonne König

Moderne Integrative Psychotherapie in Zeiten der Nachfolge

„Wenn du lächelst, geht es dir gut. Dann taust du auf und kannst voller Hoffnung in die Zukunft blicken. Die Absicht ist das Entscheidende. Sie vermittelt ein kraftvolles lebendiges Erleben, wie bei einer Zeremonie."

Frei nach Angaannaq (IceWisdom)

Von der Qualität der Zeit, ihren Aufgaben und Chancen

Erfahrungsgemäß lassen sich von dem jeweiligen Jahreshexagramm sehr präzise aktuelle Schwerpunkte auch für die psychotherapeutische Praxis ableiten. In den alten Texten des Yi Jing heißt es zu Hexagramm 17 – Die Nachfolge: „Die Nachfolge hat erhabenes Gelingen. Fördernd ist Beharrlichkeit. Kein Makel." In dem zeitgenössischen Werk von René van Osten wird in Zusammenhang mit Hexagramm 17 auch von Anpassung gesprochen. Ein Hinweis darauf, dass diese Ressource in 2023, dem Wasser-Hasen-Yin-Jahr, besonders gebraucht wird. Unter psychotherapeutischem Blickwinkel können wir sagen, die aktuelle Konstellation zeigt in Summe Freude als einen reifen Wert, der der beharrlichen Bewegung die Elastizität verleiht, die eine erfolgreiche Anpassungsleistung benötigt. Wird sie durch situative Faktoren überlastet, sprechen wir im psychotherapeutischen Kontext von einer Anpassungsstörung. Nach dem Katalog klinisch-diagnostischer Leitlinien (ICD 10) handelt es sich bei diesen Diagnoseziffern um Psychotherapiebedarf, der ohne entsprechende situative Belastungen nicht aufgetreten wäre. So dürften in diesen bewegten Zeiten tatsächlich auch im Alltag vermehrt Skills wie z. B. mentale Stabilisierungstechniken gebraucht werden. Darüber hinaus deuten die Wandlungslinien auf die Themen Urvertrauen, bewusstes Gedankenmanagement, Authentizität, Emotionsregulation, Rückbindung und Selbst-Vertrauen hin. Jedenfalls scheint der Ruf von Hexagramm 17 – Die Nachfolge, sich der Vervollkommnung der eigenen Anpassungsfähigkeit zu widmen, erstaunlich zeitkonform. Vielleicht ist es eine gute Idee mit Carpe diem Horaz zu folgen, um die Gunst des Jahres der eigenen Anpassungsfähigkeit zu widmen. Denn mit großer Wahrscheinlichkeit wird diese Ressource auch in den folgenden Jahre noch eine sehr brauchbare Begleiterin sein.

Im Zeichen der Wandlung

Das Yi Jing, vermutlich die nach unserem zeitgenössischen Denken präziseste der prähistorischen Weisheitslehren, zeichnet mit der Kombination des binären Liniensystems acht elementare Trigramme: Himmel (reines Yang) und Erde (reines Yin), sowie die drei Töchter des Himmels (Wind, Feuer, See) und die drei Söhne der Erde (Donner, Wasser, Berg). Ein Hexagramm besteht jeweils aus zwei dieser Naturbilder, einem sog. unteren und einem oberen Trigramm. Deren Kombinationsmöglichkeiten bringen die insgesamt 64 Hexagramme des Yi Jing hervor. Ein Hexagramm enthält seinerseits sehr hilfreiche Hinweise für das Verstehen des menschlichen Lebensweges im Allgemeinen und der Zeitqualität des entsprechenden Jahres im Besonderen. Dabei präzisieren die sechs Wandlungslinien die inhaltlichen Schwerpunkte eines Zeitraumes von jeweils zwei Monaten. Das 2023 prägende Hexagramms 17 – Die Nachfolge/Die Anpassung zeigt auf Trigramm-Ebene See über Donner. Öffnet sich z. B. die erste Linie des unteren Trigramms Donner, wandelt sich der temperamentvolle, expandierende Donner in den Bedeutungsinhalt des Trigramms Erde, das u. a. für Hingabe und Akzeptanz steht.

Die Tafelrunde, klein aber nachdrücklich

Ein Hexagramm kommt bekanntlich nicht alleine. Ähnlich wie in der Sage um König Artus gibt es Zugehörige, die den facettenreichen Gehalt des jeweiligen Hexagramms aufzuschlüsseln helfen und so dazu beitragen, dessen tiefere Bedeutung zu erhellen. Abgesehen von den sechs Linienhexagrammen sind es im Falle des sog. Mutter-Hexagramms 17 – Die Nachfolge nur drei weitere ergänzende Zeichen, die entsprechend gewichtig Einfluss nehmen.

Jede Medaille hat ihre zwei Seiten. Sehen wir Hexagramm 17 – Die Nachfolge/Die Anpassung, befindet sich sinnbildlich gesprochen auf der Rückseite Hexagramm 18 Die Arbeit am Verdorbenen/Das Aufarbeiten der biografischen Prägungen. Ein tiefgründiger Aspekt, der mit dem Umgekehrten und dem Polaren Hexagramm gleich zweimal vertreten ist. Das lässt ahnen, dass die Menschenkinder in 2023 mit der Arbeit am Verdorbenen, also mit der Aufarbeitung der individuellen Vater- und Mutter-Prägungen beschäftigt sein dürften. Zumindest scheint es angeraten, um die individuelle Anpassungsfähigkeit zu vertiefen. Hexagramm 63, das für Ordnung und das optimale Gleichgewicht steht, ist als Brückenhexagramm und als Hexagramm des frühen Himmels, an überaus bedeutungsvoller Stelle, ebenfalls doppelt vertreten. Das sog. Hexagramm des frühen Himmels weißt auf den höheren Sinn, die feinstoffliche Idee der Zeitqualität hin. In 2022 stellte Hexagramm 21 – Das Durchbeißen eine das Kollektiv betreffende Aufgabe. Das Durchbeißen war im wahrsten Sinne des Wortes allgegenwärtig, was Yi Jing Kenner nicht allzu sehr verwundert, denn das „Hexagramm des Frühen Himmels" zeigte dort Hexagramm 13 – Das Kollektiv. An dieser Stelle wird in 2023 mit Hexagramm 63 – Das ideale Gleichgewicht auch im Sinne der Vervollkommnung der individuellen Anpassungsleistung aufgerufen. Glücklicherweise können die Aufgaben, die die Bedeutungsinhalte von Hexagramm 17 und die, der drei begleitenden Hexagramme 18, 53 und 63 mit sich bringen, psychotherapeutisch exzellent unterstützt werden. Um Anpassungsfähigkeit zu entwickeln, zu trainieren und als stabile Kompetenz zu vertiefen, können je nach individuellen Vorlieben und Belangen entsprechende Tools ausgewählt werden.

Um gut gewappnet zu sein könnte das Mantra hier lauten: Stabil und flexibel zur gleichen Zeit!

Hexagramm 18 – Die Arbeit am Verdorbenen/Die Aufarbeitung weist beispielsweise ganz konkret den Weg hin zu individuellen Untiefen, um durch Aufarbeitung biografischer Marker die persönliche Anpassungsfähigkeit und seelische Balance auf nunmehr erwachsene, stabile Füße zu stellen. Ein Reifeprozess, der sich nicht übers Knie brechen lässt, sondern der allmählichen Entwicklung bedarf, wie das Innere Hexagramm 53 – Die Allmähliche Entwicklung/Die Kraft der Beständigkeit anzeigt. Es geht darum, sich mit überkommenen Trugschlüssen und Bedürftigkeitsideen, üblicherweise entstanden in Kindertagen, auseinanderzusetzen, damit aufzuräumen und dem eigenen Schicksal tapfer ins Auge zu blicken. Sind die elterlichen Prägungsmuster erst einmal identifiziert, dürfen beherzt, mutige Entscheidungen getroffen werden, die der eigenen Wesensnatur authentischer Weise entsprechen. Wie diese Aufarbeitung hin zu stabiler innerer Balance als Reifeprozess psychotherapeutisch weiter unterstützt werden kann, dazu im Abschnitt zu den „Orientierungshilfen der Wandlungslinien" mehr. Zuvor eine kleine Einstimmung auf den Schicksalsbegriff. Denn den Quellen nach zu urteilen scheint dieses Thema die Menschen seit Anbeginn der Zeit zu beschäftigen.

Der rote Faden durch die Zeit

Etwas Kulturgeschichte zu dem scheinbar banalen Begriff Faden: In vorchristlichen und vorislamischen Zeiten stand der Faden kulturübergreifend für das Schicksal. In der griechischen und norwegischen Mythologie waren es beispielsweise die sog. Moiren bzw. die Nornen, die über das Schicksal bestimmten, indem sie den Faden für jedes Leben spannen, maßen und an der entsprechenden Stelle durchtrennten. Aus diesem Schicksalsfaden wurde das Leben eines Menschen gewebt. Im ersten Buch der Bibel (Gen.38,28) findet der rote Faden als Unterscheidungsmerkmal während einer Zwillingsgeburt Verwendung. Das zuerst sichtbare Ärmchen wurde mit einem roten Faden bestückt, um klar zu stellen, welches Kind als zuerst geborener Sprössling gelten sollte. In asiatischen Traditionen steht der rote Faden u. a. für die schicksalhafte Verbindung zwischen Mann und Frau. Der Idee nach windet er sich bei „Seelenverwandten" unsichtbar um deren Knöchel.

In unserem Kulturkreis ist der Ariadnefaden zu einem geflügelten Begriff geworden. Die griechische Mythologie berichtet, dass ihn die kluge Prinzessin und Enkelin des Sonnengottes voll Erbarmen, dem tapferen Recken Theseus als Geschenk mit auf seine Heldenreise gab. Er war als einziger bereit, freiwillig in das Dunkel des Labyrinths einzudringen, um den stierköpfigen Minotaurus zu besiegen, dem vierzehn unschuldige Kinder (7 Mädchen und 7 Knaben) geopfert werden sollten. Die Geschichte erinnert in gewisser Weise an das Märchen Rumpelstilzchen. Im Falle der Kinder von Athen musste der Tribut jedoch alle neun Jahre gezollt werden, bis Theseus das kretische Ungeheuer bezwang. Ariadne hatte den Tapferen instruiert, den Faden oben an der Tür zum Eingang des Labyrinths zu befestigen und das Knäul unentwegt fest in seiner Hand zu halten, damit er später den Rückweg sicher wieder finden konnte, was, wie wir wissen, auch gelang. Und die Moral von dieser Geschichte ist: Kinder haben unwillkürlich für die Handlungen ihrer Eltern einzustehen, gnadenlos, bis ein mutiger und gleichzeitig intuitiv klarsichtiger Aspekt, nämlich die gegenwärtige erwachsene Ebene, sich der Schreckgespenster ein für alle Mal annimmt.

Die Sprache der Seele ist bildhaft und mythisch, das war in den alten Kulturen offensichtlich gut bekannt, weswegen in Bildern und Mythen überliefert wurde, was Bestand haben sollte. Psychophilosophisch interpretiert könnte man sagen, die Heldenfiguren Ariadne und Theseus meisterten die Arbeit am Verdorbenen in gegenseitiger Wertschätzung, sich ideal ergänzend wie Yin und Yang, wie Nacht und Tag. Ariadne könnte somit für die feminine Yin-Kraft und Theseus für die maskuline Yang-Kraft einer gereiften Persönlichkeit stehen. Diese gereifte, integrierte, erwachsene Ebene kann, von klarsichtiger Intuition geleitet, mutig zur Tat schreiten, um sich der Schatten der Vergangenheit nachhaltig anzunehmen. Voilà, so gelingen auch schwierige Passagen auf der Lebensreise mit Yin & Yang in einvernehmlicher Kooperation. Mit anderen Worten, der Mythos vom Ariadnefaden zeigt die außerordentlich, erfolgreiche Effektivität einer gereiften Selbstbeziehung. Ariadne bedeutet passenderweise „die überaus Reine“ im irdischen und „die überaus Klare“ im himmlischen Aspekt. So steht es bei Kerényi.

Die griechische Mythologie kann um 3000 v. Chr. datiert werden. Also deutlich nach den daoistischen/taoistischen Weisheitslehren, die dem Yi Jing zugrunde liegen und deutlich vor Goethe und Schiller, die der Bühne einen pädagogisch wertvollen Einfluss zubilligen wollten. So verschieden die Bilder und Mythen auch erscheinen, sie weisen epochenübergreifend darauf hin, dass die Seele selbst als Leitstern dienen möge. Die 5. Linie eines Hexagramms repräsentiert z. B. das Seelen-Selbst und könnte so erklären, warum Theseus genau dort oben den Faden befestigen sollte. Mögen wir stets mit unserem Seelenkern, unserer authentischen Wesensnatur sicher verbunden bleiben, um dem Guten und Schönen nachfolgen zu können.

Der Kommentar des Yi Jing spricht von erhabenem Gelingen und Heil, das durch das Happy End in dem vorliegenden Mythos durchaus eine Bestätigung findet. Was kann das, auf die Gegenwart übertragen bedeuten dem Wahren und Schönen beharrlich zu folgen? Forschungsergebnisse u. a. der Psychoneuroimmunologie legen nahe, dieser überaus wünschenswerten Idee auch im Sinne der Volksgesundheit, wieder mehr Rechnung zu getragen. Vielleicht darf ja im Jahr der Nachfolge unsere westliche, neo-postmoderne Lebensweise wieder mehr an die überlieferten Werte im Sinne des Schönen und Guten angepasst werden. Die mittlerweile gut erforschten physischen und psychischen Bedingungen ganzheitlichen Wohlbefindens erfahren tatsächlich durch Schönes und Gutes nachhaltige Unterstützung. Mögen diese gesundheitsdienlichen Aspekte sowohl auf der Bühne des Lebens, wie in den Programmen der Unterhaltungsbranche wieder mehr Beachtung finden. Ein Hoch auf das Schöne und Gute!

Welche Orientierungshilfen bieten die sechs Wandlungslinien?

Linie 1: Das vegetative Nervensystem in Einklang bringen

Der ganzheitliche Ansatz der Modernen Integrativen Psychotherapie versteht den Menschen als eine Körper - Geist + Seele Einheit. Die Hexagramm-Struktur des Yi Jing differenziert mit den sechs Linien und deren jeweiligen spezifischen Bedeutung noch um einiges feiner.

Die erste Linie eines Hexagramms steht im Allgemeinen für den physischen Körper inklusive seiner Wahrnehmungsqualitäten und ist aus psychotherapeutischer Sicht, im Sinne des Reparenting, mit der Ebene der inneren Kinder assoziiert. Die Redewendung „Da hat sich etwas von Kindes Beinen an eingefleischt." deutet auf diese Verbindung hin. Öffnet sich die erste Linie des unteren Trigramms, wandelt der temperamentvolle Donner hin zu dem Bedeutungsinhalt des Trigramms Erde, das für das mütterliche Prinzip, also u. a. für Hingabe und Akzeptanz steht. Der dynamische Donner begibt sich in dieser Konstellation sozusagen zur Winterruhe. Wachstumsimpulse würden, wenn, nun in die Tiefe führen.

In „Das Buch vom Leben" heißt es zum Bedeutungsinhalt der ersten Linie von Hexagramm 17 – Die Nachfolge: Der Starke und gleichzeitig einfühlsame Charakter (Erde, Mutter, femininer Aspekt der erwachsenen Ebene) möge dem Schwächeren (Donner: Frühling des Lebens, Kindheit/innere Kinder) Vertrauen entgegenbringen, weil so eine freiwillige Nachfolge zu bewirken sei. Übertragen auf die Mutter-

Kind-Beziehung würde das bedeuten, die Mutter hat ein offenes Ohr, passt sich dem Alter und der Gesamtsituation des Kindes an und bleibt dabei gleichzeitig ihren fürsorglichen Grundsätzen treu. Da ein Säugling zunächst vor allem über körperliche Empfindungen (sehen, hören, berühren, riechen und schmecken) wahrnimmt, lernt er unwillkürlich über diese Empfindungsebenen angenehm von unangenehm zu unterscheiden. Entsprechend seinen weiteren individuellen Erfahrungen bildet sich das Kind sein Konzept vom Leben, das unwillkürlich im inneren Speicher und damit als gelernt abgelegt wird. Die Summe der Früherfahrungen beeinflussen so unwillkürlich, also nicht bewusst, das ganze weitere Leben.

So wichtig es ist, mit Kindern altersunabhängig respekt- und liebevoll umzugehen, so wichtig ist es unter dem Blickwinkel der Achtsamkeit auch, eine freundliche Selbst-Beziehung zu pflegen. Dazu gehört vor allem auch, für einen harmonischen Einklang von Yin- und Yang-Aspekten zu sorgen. Bezogen auf das vegetative Nervensystem entspricht der Parasympathikus dem Yin-Aspekt und ist u. a. assoziiert mit Ruhe, erholsamem Nachtschlaf und vertrauensvoller Intimität. Der maskuline Yang-Aspekt wird u. a. mit Kognition und leistungsorientierten Tagaktivität verbunden, was dem Sympathikus-Modus entspricht. Sind Yin und Yang, Parasympathikus und Sympathikus ausgeglichen, ist das vegetative Nervensystem in Balance und der Mensch tendenziell stabil in seiner Mitte. Eine gute Voraussetzung für elastische Anpassungsfähig, die sich, dem Titel der ersten Linie entsprechend, zumindest für Menschen, die Leitungspositionen begleiten, empfiehlt: „Wer andere leiten will, muss sich selbst anzupassen verstehen.

Belasten jedoch biografische Schatten die Körper - Geist + Seele - Einheit, braucht es etwas mehr liebevolle Selbstachtsamkeit. Weiter scheint die Arbeit mit den inneren Kindern hier nahezu unverzichtbar, worauf Hexagramm 18 – Die Arbeit am Verdorbenen hinweist. Diese Arbeit zahlt sich gleich mehrfach aus. Wenn beispielsweise Blockaden die Quelle zu intuitivem Wissen verstellen, geraten Menschen alsbald in eine Ratlosigkeit, die sie schneller aus dem Gleichgewicht bringen kann. Hier wird der Yin-Aspekt der Einkehr gebraucht, oder um es mit den Worten von Isabel Arés zu sagen: „Unsere Intuition verlangt von uns, zu lauschen und mit der Kraft der Gegenwart zusammenzuarbeiten. Denn hier im Großen JETZT schlägt der Puls der Freude. Hier wartet das innere Kind und möchte uns seine innere Weisheit schenken. Es ist liebesfähig, offenen Herzens und weiß ganz klar, was es will." Wir lernen, wenn Lebenskrisen uns erschüttern, braucht es das richtige Bauchgefühl.

Haben die inneren Kinder ihren sicheren Hort in unserem erwachsenen Sein gefunden, wissen wir intuitiv, wenn auch oft unerklärlich, was zu tun ist und bleiben zentriert.

Die Musiktherapie kann ebenfalls Menschen sehr darin unterstützen ihre polaren Aspekte (Yin und Yang) und damit das gesamte System, auszugleichen und zu regenerieren. „Denn Gesundheit ist wie permanente Harmonie, die in uns erklingt." Insbesondere der ausgewogene Gleichklang des Monochords kann erfahrungsgemäß dazu beitragen, Gesundheit und Wohlbefinden zu fördern. Dankenswerterweise finden auch solche nichtmedikamentösen Therapieformen wissenschaftlich zunehmend mehr Beachtung. Dr. Dr. med. univ. Valentini, der den Bereich der Komplementärmedizin an der Universität Tübingen leitet, arbeitet zurzeit mit seinem Team an einer Studie, in der u. a. die Wirkung des Monochords und die der Akupunktur bei Schlafstörungen älterer Menschen untersucht wird.

Für die allgemeine Gesunderhaltung und Burnout-Prophylaxe empfiehlt Dr. med. univ. Po Minar im Sinne der Selbstachtsamkeit, sagen wir eine, dem menschlichen System entsprechend artgerechte Lebensführung. Dazu würden gesunde Ernährung, Bewegung, entspannter Atemfluss und ausreichend erholsamer Nachtschlaf ebenso gehören, wie die Pflege sozialer Beziehungen. Mehr dazu „Die Kunst, das Leben mit einem Lächeln zu meistern", findet sich in dem sehr schönen und praxisnahen Werk von Dr. Po Minar. Sein Buch mit dem Titel „Der Weg des Meisters – Das Geheimnis der fernöstlichen Heil- und Lebenskunst" ist eine reiche Quelle der Inspiration, wenn es darum geht, die gesundheitsdienlichen Voraussetzungen für nachhaltige Anpassungsfähigkeit zu schaffen. Im Rahmen der TCM, wie auch im genannten Buch, wird dem Element Erde die Farbe Gelb zugeordnet. Aus Gelb spricht Lebensfreude und ein bedingungsloses Ja zum Leben. Das belebende Gelb unterstützt tendenziell unsere Selbstsicherheit und damit innere Stabilität. Eine unterstützende Visualisierungsübung könnte sein, sich mental mit einem angenehmen Gelbton zu umgeben und Köper - Geist + Seele davon durchdringen zu lassen. Im physischen Bereich gerne bis auf die Ebene der einzelnen Zellen. Mit diesem wohlig zentrierten Empfinden in der Vorstellung nun jeden (inneren) Raum der verschiedenen Lebensbereiche vertrauensvoll zu durchschreiten lädt dazu ein, ihn mit der Kraft des wunderschönen Gelbtons, erhellend durchfluten zu lassen. Und warum dann nicht auch gleich jede Art von Anspannung mit entlasten? Ggf. begleitet von einer angenehmen Monochord- oder Gute-Laune-Melodie: LIKE ICE IN THE SUNSHINE, ...

Linie 2: Das Denken zur ChefInnen-Sache erklären

Die zweite Linie eines Hexagramms steht im Allgemeinen für die Ebene des kognitiven Geistes. Die Sprache des Geistes ist das Wort in jeder Form (geträumt, gedacht, gehört, gelesen, gesagt, gesungen, geschrieben). Die Macht der Worte, wie der Gedanken, ist immens. Beides möchte achtsam gewählt sein. Darauf weisen auch die folgenden beiden Belehrungen hin, die den Rat des Yi Jing für die zweite Wandlungslinie gut zusammenfassen: „Wir sind was wir denken. Alles, was wir sind, entsteht aus unseren Gedanken. Mit unseren Gedanken formen wir unsere Welt." „Reden ist Silber, Schweigen ist Gold!" Interessanterweise wandelt hier am zweiten Platz von Hexagramm 17 – Die Nachfolge, die Trigramm-Struktur von Donner zu See. Der heitere, offene See symbolisiert einen Mund, Emotionen und steht im Familiengefüge für die jüngste Tochter, sowie jahreszeitlich für den Herbst.

Mittlerweile ist es auch wissenschaftlich erwiesen, was wir denken, wie wir Dinge bewerten und ggf. verbalisieren hat tatsächlich entscheidenden Einfluss auf unsere körperliche und seelische Gesundheit. Aus psychotherapeutischer Sicht wäre eine Frühjahrskur besonderer Art angezeigt, mit einem mentalen Entschlackungsprogramm und hirnspezifischem Fitnesstraining. Konkret heißt das, das Denken zur Chef-/Chefinnen-Sache zu erklären. Das bedeutet die Gedanken immer wieder bewusst in Zielrichtung zu navigieren. Dieser Kompetenzerwerb ist vergleichbar mit dem Erlernen einer Fremdsprache. Um Geistesgegenwart gegen unwillkürliche Gedankenströme auszutauschen, braucht es neben Entschlusskraft und Geduld freundliche Ermunterung. Praktisch können kontraproduktive Gedankenmuster wie ungebetenen Gäste freundlich und bestimmt vor der Tür bleiben. Dieses Tool ähnelt dem Gedankenstopp, bekannt aus der kognitiven Verhaltenstherapie. Oder wie Roy Martina in „The missing link"zu sagen pflegt: „Erinnere dich sofort daran, was du dir stattdessen wünschst!". Auch ein entspannter tiefer Atemzug und/oder ein freundliches Lächeln können ein kontraproduktives Gedankengewölk entkräften. In der Hypnotherapie kennen wir darüber hinaus die sog. Scheibenwischer-Technik, um Unerwünschtes unmittelbar zu bereinigen. Die Arbeit am Verdorbenen (Hexagramm 18) lässt grüßen, denn die Art, wie ein Mensch sich artikuliert, hat im Wesentlichen mit seiner Kinderstube zu tun. Die Bewertungssysteme und Gedankenmuster konstituieren sich unwillkürlich aus der Summe des gespeicherten Erfahrungswissens, fernab jeder Objektivität und entwickeln sich zu inneren Standards und ggf. schwereren Emotions-Schabraken. So wird verständlich, warum längst überkommene Reaktionsmuster in Form von „Gedanken-Teppichen" eine Art Gewohnheitsrecht behaupten wollen.

Das Denken gleicht einem Stoff, der aus persönlichen Interpretationen und in den Farben früher Erfahrungen gewoben, nun als subjektiv und limitiert erkannt werden darf. Der einst geradezu gefeierte Satz von Descartes „Cogito ergo sum"/ „Ich denke, also bin ich!" führt damit nachvollziehbarer Weise auf den ach so menschlichen Holzweg. Mehr noch, er steht für die Spaltung der Körper - Geist + Seele Einheit des Menschen, was auch Heisenberg, Physiker und Nobelpreisträger seines Zeichens, kritisch sah.

Interessant ist auch wie wenig Rituale in unserer modernen Zeit hinterfragt, bzw. wie wenig über ihren lebendigen Bedeutungshintergrund heutzutage noch gewusst wird. Zu Weihnachten hängen die Menschen beispielsweise bunte Kugeln an den Lichterbaum, speisen gut und üppig nach oder vor der Bescherung der Weihnachtsgeschenke und verbringen die Zeit zwischen den Jahren mit Freunden und Verwandten. Unsere Ahnen, die uns dieses Brauchtum überlieferten, waren offensichtlich sehr versiert darin, in Zielrichtung zu navigieren. Ehedem hing man zu Weihnachten in suggestiver Absicht Äpfel an die Bäume draußen und erhellt das Dunkel, um sich und die Natur daran zu erinnern, dass die Tage bald wieder länger und wärmer werden und die Bäume dann wieder Früchte tragen. Man kehrte Haus und Hof physisch, wie symbolisch aus, sorgte u. a. für das leibliche Wohl und friedvolle Stimmung, in dem Wissen, dass die Zeitqualität der sog. Rauhnächte/ Raunächte einen Vorgeschmack auf das kommende Jahr zugeben vermögen. Wer das Navigieren in Zielrichtung auf diese Art und Weise unterstützen möchte, dem sei Jeanne Ruland´s „Rauhnacht Begleiter" empfohlen. Die Autorin bringt uns darin Wissensschätze der alten Zeit wieder zurück und gibt zieldienliche Anregungen für jede der zwölf Nächte.

Aber zurück zur jüngsten Tochter, dem Trigramm See und damit auch zum Herbst. Wir finden hier eine Anbindung an das Element Metall, das farblich mit Silber assoziiert werden kann. Die jüngste Tochter, oftmals das Nesthäkchen, wird nicht selten mit besonderen Gnaden bedacht. Wir ahnen es schon, es geht in der Tiefe, auf dem Grund des Sees, u. a. um das Thema Urvertrauen und Loslassen. Die zugeordnete Jahreszeit geht mit gutem Beispiel voran. Es ist Erntezeit, die Natur lässt alles Alte nach und nach los, zentriert ihre Kräfte nach innen, unten und ist damit gut für alles Weitere gerüstet. Eine unterstützende Visualisierungsübung für diese Zeitqualität könnte es sein, entschleunigt und zentriert, mit der Farbe Silber, einem edlen schützenden Rahmen gleich, sich vertrauensvoll zu umgeben, was der Zentrierung etwas Stabiles und Sicheres verleiht. Auch wenn die Stürme des Lebens draußen toben, haben wir die Möglichkeit zur gleichen Zeit innerlich zentriert zu bleiben. Tief verankert im eigenen Wesensgrund, ruhig und gelassen, wie im Auge des Sturms, so kann die bewusste, mentale Navigation in Zielrichtung aussehen. Einen erfahrungsgemäß nachhaltigen und wohltuenden Beitrag zur Vertiefung von Einkehr und Zentrierung bietet zusätzlich regelmäßiges Praktizieren der Ganzheitlichen Atem-Meditation, bzw. der Tu Na Meditation nach René van Osten. Zusammenfassend kann gesagt werden, das Trigramm See verbindet uns in seinem lichtvollen Aspekt mit Überliefertem, Erfahrungsaustausch und legt nahe, Wünsche in reifer Form von sich zu geben. Letzteres meint, sich gedanklich wie gefühlsmäßig mit dem Ziel zu verbinden, so als habe sich der Wunsch, z. B. Gelassenheit in mir und Frieden in der Welt, bereits erfüllt. Diese Praktiken dürfen gerne mit einem Gefühl der Dankbarkeit verbunden werden, denn die Wissenschaft hat festgestellt, dass eine innere Haltung von Dankbarkeit unsere Hormone in Richtung Wohlbefinden lenkt, das Immunsystem unterstützt, den Blutzuckerspiegel reguliert und uns tendenziell optimistisch stimmt. Die Wärme in der Aura der Dankbarkeit lädt dazu ein, alle heftigen und schweren Emotionen in Gelassenheit zu wandeln, was für die vierte Linie des Herzens ebenso bedeutsam wird. Kontrollbedürfnisse dürfen in die Ferien geschickt und der Denkautopilot positiv eingenordet werden. FOKUS!

Linie 3: Selbstübereinstimmung anstreben

Die dritte Linie eines Hexagramms steht im Allgemeinen für die Ebene der Ich-Identifikation, der Persona. Was heißt das im psychologischen Sinne? Nach C. G. Jung deutet der Begriff Persona auf eine Art sozial akzeptierte Schauspielermaske hin, die, meist unwillkürlich, nach außen möglichst glanzvoll, präsentiert wird. Das Kind hat gelernt, was es braucht, um als guter Junge/gutes Mädchen, als brave Tochter oder toller Sohn zu erscheinen. Die Persona entsteht im Laufe des Heranwachsens durch Anpassungsleistungen, die sich im Erwachsenenalter jedoch als unzeitgemäße Stolpersteine erweisen können. Die Authentizität der einzigartigen Wesensnatur ist überschattet, ggf. Anteile abgespalten. Derart unterdrückt führen abgespaltene Persönlichkeitsanteile ein Schattendasein, brechen allerdings getriggert dann und wann unkontrolliert hervor. Der Erwachsene fragt sich im Nachgang oft, welcher Teufel ihn geritten hat. Hier am Platz der dritten Linie ist es Aufgabe und Chance gleichermaßen, uns abgespaltenen Anteilen zuzuwenden. C. G. Jung schätzte nicht nur das Yi Jing sehr, er beschäftigte sich auch mit dem Tarot, das oft als westliche Weisheitslehre bezeichnet wird. Banzhaf, ein profunder Kenner des Tarots gibt eine ganz konkrete Antwort auf die Erfordernisse grundlegender Erneuerung und Transformation überkommener Bewertungs- und Handlungsmuster: „Werden Sie sich Ihrer Verführbarkeit bewusst. Lernen Sie die abgespaltenen Anteile ihrer Wesensnatur kennen, die zu inneren Verbündeten äußerer Kräfte werden, die Sie immer wieder schwach werden lassen. Geben Sie diesen Schattenaspekten einen angemessenen Platz und finden Sie heraus, wo und wie Sie diese Neigungen künftig besonnen und verträglich ausleben können. Machen Sie sich bewusst, wo Sie abhängig und unfrei sind, wo Sie Macht missbrauchen und andere manipulieren. Befreien Sie sich aus dieser Gebundenheit, indem Sie lernen, diese Seiten bewusst zu leben und kreativ zu gestalten." In der Hypnotherapie wurde für die Arbeit mit Persönlichkeitsanteilen ein entsprechender Ansatz unter dem Namen Ego-State-Therapie bekannt. Zusätzlich geht es im Sinne der Selbstbeziehungstherapie nach Dr. Gilligan, hier am Platz der dritten Linie auch darum, sich zu seiner wahren Größe zu stellen. Wo verleugnen wir womöglich noch die uns innewohnende Kraft, Größe und Bestimmung? Man könnte sagen, entwicklungspsychologisch entspricht die Situation der Phase der Pubertät. Das Alte, noch aus Kindertagen anhaftende, hat ausgedient und das Neue der gegenwärtigen Reife entsprechende, möchte erst noch gefunden bzw. gefestigt werden. Folgende Metapher verdeutlicht die Situation recht gut: Bildhaft gesprochen gleicht ein Säugling einem wundervollen Musikinstrument, das unglücklicherweise allzu oft in Hände von Menschen/Elternpersonen gelegt wird, die dieses Instrument so gar nicht, oder nur wenig, kennen. Dennoch probieren sie sich notgedrungen daran aus und wenn das Menschenkind achtzehn Jahre alt ist, kennt es seinen eigenen Ton nicht mehr. Es bleibt dem Herangewachsenen nichts anderes übrig, als sich auf die Helden-/Heldinnen-Reise zu machen, um das schwer zu erlangende Gut zurückzuerobern. Dazu braucht es eine kraftvolle, klare Entscheidung und Beharrlichkeit, denn die Stürme des Lebens werden die Ernsthaftigkeit des Entschlusses prüfen. Das Yi Jing nennt es mit Hexagramm 18 – Die Arbeit am Verdorbenen. Psychotherapeutisch betrachtet geht es darum, sich der biografischen Marker anzunehmen mit dem Ziel, die Schauspieler-Maske der Persona abzulegen, so dass die wahre Wesensnatur mit all ihren Ressourcen zum Vorschein kommen kann. Nicht Perfektion gilt es zu erlangen, sondern Authentizität. Wird aber das Feuer der dritten Linie weiter an fragwürdigen Leidenschaften genährt, bleibt das, ohnehin zu Sorgen und Ängsten neigende, Wasser-Hasen-Herz in einem Teufelskreis kontraproduktiver Denk- und Handlungsgewohnheiten gefangen. Doch stets kann die sog. Beobachterperspektive helfen zu Erkenntnisgewinn zu gelangen und entsprechende Ressourcen zu aktivieren, um ungesunde Gewohnheiten in ein offenherziges Ja zu sich selbst zu wandeln. YES!

Linie 4: Die emotionalen Vergletscherungen im Herzen schmelzen

Die vierte Linie eines Hexagramms können wir als die Linie des Herzens ansehen. Hier beim oberen Trigramm See angekommen, wandelt die vierte Linie zum Trigramm Wasser und gibt weitere zieldienliche Hinweise zur Unterstützung einer geschmeidigen Anpassungsfähigkeit. Doch zunächst ein Blick darauf, welche spezifische Problematik sich hier im Wasser-Hasen-Yin-Jahr 2023 verbirgt. Das Wasser, das für das individuelle Schicksal, die Bestimmung und das Seelen-Selbst steht, verleiht dem See, also der Ebene der Ich-Identifikationen und der Maske der Person bekanntlich seine Bestimmung. Wie in den vorangegangenen Linien schon gesehen, stehen der geschmeidigen Authentizität nicht selten egodienliche, emotionsgeladene Ich-Ansprüche gegenüber, die im Extremfall zu Burnout und/oder Herz-Kreislauf-Problemen führen können. Diese Gefahr besteht immer dann, wenn es nicht möglich scheint, wie Wasser, weiche Wege zu gehen, sondern die konditionierten, oftmals angstbesetzten Lernerfahrungen siegen. Die weitverbreitete, traurige Denkgewohnheit, sich möglichst unter Zeitdruck durchkämpfen zu müssen, verengt beispielsweise das Blickfeld und lässt uns glauben, dieser Weg müsse steinig und schwer sein. Da unsere unwillkürlichen Glaubensüberzeugungen die machtvolle Tendenz haben, sich durchzusetzen zu wollen, braucht es hier einen freundlichen Blick auf die Angelegenheiten des Herzens, um Ballast in Ehren zu entlassen und mit sanfter Beharrlichkeit Ordnung zu schaffen. Noch gespeicherte, schwere Emotionen, seelische Verletzungen, Trauer oder Groll möchten jetzt im Herzen Erlösung finden. Sind die Aufgaben der vorangegangenen drei Linien erfolgreich gemeistert, kann hier auf der Ebene des Herzens durch Einkehr die innere Wahrheit friedvoll siegen. Unbeeinflusst, gelassen und ruhig, in angstbefreitem Selbstausdruck, dem Weg des geringsten Widerstandes zu folgen, entspricht dem Rat des Yi Jing für diese Zeitqualität. Die toxische Emotionslast, die im Laufe der Zeit aus den Nieren, dem Informationsspeicher, ins Herz aufgestiegen ist, bildet die Vergletscherungen, die nun milde Zuwendung im Sinne der Selbstbeziehung brauchen. Als überflüssigen Ballast erkannt, können sie nach und nach abfließen, so dass die Freude wieder auf dem Thron ihres angestammten Reiches Platz kann. Idealerweise dürfen diese transformativen Prozesse auch hier wieder von einer inneren Haltung der Dankbarkeit begleitet werden. Zumindest aber mit entschlossener Zuversicht. Eine kraftvolle Leitlinie und Motivation, um schwere Emotionen zu transformieren, haben The Script mit ihrem Song „Superheroes“ geschaffen: „EVERY DAY EVERY HOUR TURN THE PAIN INTO POWER!“

Linie 5: Die Gretchenfrage

Hatte das Herz noch einen irdisch-physischen Bezug, kommen wir nun in feinstofflichere Gefilde. Die fünfte Wandlungslinie steht im Allgemeinen für das Seelen-Selbst und die Spiritualität. Von hier oben aus kommen die Orientierungshilfen, wenn wir die Verbindung auf unserer Helden-, Heldinnen-Reise halten, wie der Mythos vom Ariadnefaden gezeigt hat. In „Das Buch vom Leben" trägt die fünfte Linie die Überschrift: „Man folgt dem Wahren und Guten". Der Seelenbezug muss im Fokus bleiben, während die HeldInnen durch das Alltagslabyrinth des Lebens hasten. Selbstübereinstimmung heißt das schwer zu erlangende Gut, das hier, im Einklang mit der eigenen Bestimmung und dem Lauf der Dinge, gefunden sein möchte. Was die Spiritualität anbetrifft, so passt hier vielleicht ein Zitat, das Heisenberg zugeschrieben wird: „Der erste Trunk aus dem Becher der Naturwissenschaft macht atheistisch, aber auf dem Grund des Bechers wartet Gott." Diese Erkenntnis dürfte die Naturwissenschaftler in uns erschüttern und gleichzeitig in der Tiefe etwas Bereicherndes aufkeimen lassen. Vielleicht ist Spiritualität an Erfahrungswerte geknüpft, die mit Religiosität nichts zu tun haben. Womöglich sind wir Menschen spirituelle Wesen, die eine irdische Erfahrung machen, ggf. sind wir aber auch irdische Wesen, die spirituelle Erfahrung machen können, ganz wie es beliebt. STAY CONNECTED!

Linie 6: Ariadne herself

Die sechste Linie eines Hexagramms steht im Allgemeinen für das sog. höhere Selbst. Intuition, Klarsichtigkeit und Spontanität sind am ehesten hier beheimatet. In „Das Buch vom Leben" heißt es zur sechsten Linie: Das Schicksal der Weisen (Intuition, Spontanität, Klarsichtigkeit, Ariadne) ist es, sich zu Diensten zu stellen, das Schicksal der Suchenden (Theseus: Tatkraft, Kognition, beherzte Persönlichkeit mit hoher Selbstübereinstimmung), den Weisungen zu folgen. Wohl dem, der seiner Intuition, einem Ariadnefaden gleich, zu folgen vermag. Vermutlich ist Einstein seiner Intuition gefolgt, als er den legendären Brief, an seine Tochter Lieserl „Über die Liebe" verfügte, von dem die Autorenschaft allerdings als nicht gesichert gilt.

Da der Inhalt für die gegenwärtige Zeitqualität jedoch eine gewisse Stimmigkeit haben dürfte, soll an dieser Stelle daran erinnert sein. Möge die Zeit, der Zeitgeist, die Menschheit nun reif dafür sein. ALL YOU NEED IS LOVE, ...

Walk in beauty – Folge dem Schönen und Guten

Aus psychotherapeutischer Sicht kann zusammenfassend gesagt werden, dass die nun aufgerufene Anpassung mit Selbstregulation gelingen kann. Lernen wir unserer intuitiven Seelen-Ebene wieder mehr Vertrauen zu schenken und praktizieren wir freudvoll und beharrlich Selbstachtsamkeit und -verantwortung. Dankbarkeit und Mitgefühl dürften insbesondere partnerschaftliche Beziehungen als Nebeneffekt bereichern. Freude fördert dabei die innere Stabilität in allen Lebenslagen. Eine kleine freundliche Geschichte zu den Schwierigkeiten des Zusammenlebens und dem Weg von Toleranz und Akzeptanz wird in „Herr Hase und Frau Bär“ erzählt. Vielleicht hilft das Vorlesen eines solchen Kinderbuches auch manch Erwachsenem Bewusstheit und Gelassenheit schneller zu vertiefen. Jedenfalls ist es erwiesen, dass das Vorlesen einer Gute-Nacht-Geschichte die Resilienz signifikant unterstützt.

Bei der abschließenden Betrachtung fällt auf, wie das Yi Jing auf eine geradezu radikale Weise Yin und Yang, also feminine und maskuline Aspekte immer wieder in Ausgleich bringt: Erde und Himmel, Alpha et Omega, Anfang und Vollendung. So zeigen es auch die sechs Wandlungslinien von Hexagramm 17 – Die Nachfolge. Die erste Wandlungslinie bringt die mütterliche Erde und die Sechste den väterlichen Himmel hervorbringen. Psychotherapeutisch gesehen zeigt sich hier ein Entwicklungszyklus beginnend mit mütterlich weisem Respekt für die irdisch physischen Belange, wie atmen, bewegen, lächeln, ruhen, ausgewogen essen sowie in Kontakt sein. Und tatsächlich bietet ein gesunder Körper ein stabiles Fundament für die Aufgabe der zweiten Linie, wo Klarheit und Präsenz des kognitiven Geistes gebraucht werden, um im Folgenden die überkommene, anhaftende, überschattende Maske zu entmachten und so der einzigartigen Wesensnatur in Form der gereiften Persönlichkeit den Vorzug zu geben. Eine gute Voraussetzung, um sich der Aufgabe der vierten Linie zu widmen, wo es darum geht, sich die Bande des Herzens sanft und sicher lösen zu lassen von der Illusion ein Gebundener zu sein. Sodann können Hirn, Herz und Hand frei, in intuitiver Selbstübereinstimmung dem wohlmöglich himmlischen Auftrag folgen und der Welt, sowie den Mitmenschen das Ihre zur Verfügung zu stellen (vgl. Theseus und Ariadne). „Es ist an diesem Umstand die schicksalhafte Verbundenheit der Wesen miteinander sehr gut gezeigt.“

Möge der Körper liebevoll umsorgt sein. Möge der Geist klar und präsent sein. Möge die Persönlichkeit stabil und flexibel sein. Möge das treue Herz stets ein Quell der Freude sein. Möge die intuitive Begabung einem Ariadne-Faden gleich, stets zur Hand sein. Möge der Mensch als Einzelner, wie die Menschheit als Gemeinschaft, gleichsam als Krone der Schöpfung, ihrer höheren Bestimmung zu segensreichem Wirken nachfolgen können. Frieden über alle Grenzen. DANKE!

Kontakt zur Autorin

Diplom-Psychologin Yvonne König
Dozentin DGH, ZhanDao Akademie, MEG, SMSH (Deutschland, Österreich, Schweiz)

Praxis für Integrative Psychotherapie - Supervision – Coaching – Seminare
Fon: +49 157 3241 8597
Mail: info@psychotherapie-ykoenig.de
Web: www.psychotherapie-könig.de

Nacht-Wort eines Tagverlorenen

Ist nicht alles die Folge von etwas anderem? Vom scheinbar Kausalen bis hin zum Polaren und der Symmetrie der Gleichzeitigkeit vieler Bewegungen in Zeit? Wie ein Räderwerk von zehntausend Rädchen, die ineinandergreifen und ein jedes das andere mit sich reißt? Doch wo ist der Anfang, das erste Rädchen des zweiten und des dritten? Wer oder was hat die Bewegung ausgelöst, der alle anderen nachfolgen? Klammert man einen schuldigen Gott aus, dann sind es zwei Ersatzfiguren primärer Art, die in der paradiesischen Singularität eines Schöpfergehirnes im Traum erscheinen. Adam-Yang und Eva-Yin. Seit der Quantentheorie wissen wir, dass es keinen einzelnen Punkt gab, aus dem heraus Universum und Leben entstanden sind, sondern eine Einheit von zwei, die man heute als Nahtstelle der Überzahl an Materie bezeichnet. Eine eingebaute Symmetrieverletzung, deren Folge die Manifestation der zehntausend Dinge ist.

Auch die Metaphysik des Yi Jing geht damit konform, denn es wird dort der Kreis der Leere Wuqi als quellender Urgrund aller Folgen gezeichnet, der nicht in sich geschlossen ist, sondern eine Überlappung der Kreislinien aufweist, aus dem das bewegte Leben seinen Anfang nimmt. Eine runde Sache also, die rund bleibt, auch wenn sie einen Sprung, den sogenannten Ur-Sprung aufweist. Die Zweiheit ist der Einheit inhärent oder anders gesagt, sie ist die Einheit, die als Zweiheit erscheint. Insofern passt die Idee des träumenden Schöpfergehirns sehr gut, denn es weist zwei Hälften auf, die als Einheit zusammenwirken und herrscht dort die Traumphase, gibt es keinen Träumenden, der weiß, das er träumt. Dieses Prinzip findet sich metaphysisch im zweigeteilten Taiqi-Symbol, in dem das Schwarze und das Weiße als Yin und Yang in Einheit gezeigt sind. Allerdings besetzt von jeweils einem Anteil des anderen, dargestellt im weißen Punkt im schwarzen und einem schwarzen im weißen Feld. Das Zweite ist also die Folge des Ersten, wobei das Erste das leere Nichts des Unbenennbaren ist, dem man keinen Namen geben kann und gibt man ihm einen, dann ist es nicht mehr das Eine, das Tao des Anfangs. Gott ist Leerheit, durch die alles erscheint. Er ist keine Ursache im Sinne von Jemand der etwas verursacht, keine Willensleistung eines Egomanen mit Vorstellungen und Absichten. Er ist eine Ur-Sache, ohne ein Verursacher zu sein.

Wo beginnt es dann, was man Ursache nennt und später dann als kausales Karma eines jemand bezeichnet? Bei den Ersatzgöttern von Adam und Eva, die in der Fruchtblase der Einheit schweben und von der Schlange genötigt werden, vom Baum der Erkenntnis zu essen, sprich die Früchte des Lebens zu pflücken, um diese Einheit dann zu verlieren? Das wäre persönliche Schuld von Wesen, die sich ihrer selbst als Wesen bewusst sind und doch nicht anders können als der Traumanweisung ihres Schöpfers zu folgen. Alles klingt nach vorgeburtlichem Leben in der Fruchtblase des weiblichen Bauches. Aus nichts wird etwas und es ist begründet auf der Zugehörigkeit, was uns aber bereits mitten in das Weltliche des Seins katapultiert, wo Ursache und Wirkung, gut und böse, richtig und falsch zu Hause sind. Da wo Spaltung und Trennung zum personifizierten Ausdruck geworden sind und als Trugbilder das Bewusstsein beherrschen. Gott wird zur Person, zu einem Glaubensbild erniedrigt, von dem abzuweichen als Schuld bezeichnet und mit Sühne belegt ist. „Moral und Kindespflicht" übernehmen die Führung, wie Laotse es bezeichnet und der Mensch wird zum scheinbar autonomen, selbstentscheidenden Vordergrund eines moralischen Ersatzgottes, der in irdischen Vertretern strafend oder verzeihend wirkt. Was bleibt noch von der natürlichen Unschuld des bewegten Nichts?

Der Mensch ist gespaltenes Bewusstsein, in dem er selbst als Mensch erscheint und die Folge davon ist die Nachfolge. Wegen eines Davor gibt es ein Danach und hält man sich an das moralische Konzept des Davor, dann ist das Danach glückverheißend. Doch das Davor ist auch ein Danach und lässt man es langsam in der Unendlichkeit verschwinden, bleibt nur das Nichts. Nachfolge als kausales Prinzip von Folgen und deren Folgen benötigt ein Gewissen als Ersatz für verloren gegangenes „Wissen" und es schlägt sich nieder in Versündigung und Karma und dem daraus folgenden Versuch, ein höheres Ideal zu verwirklichen. In der Einheit dessen, was wir wirklich sind, ist dieses Ideal aber bereits verwirklicht. Was zu dieser Erkenntnis führt, ist der Abstand zur Person, die versucht, etwas besser oder anders zu machen. Vielleicht kann man es als „Mitfließen mit dem, was da ist" bezeichnen, was sich in der Meditation von selbst verwirklicht. Die natürlichste Art der Nachfolge: Man folgt seinem Selbst, wobei es im Seinszustand der Meditation niemanden gibt, der irgendetwas folgt.

Oktober 2022, 22:23 Uhr, Rene van Osten

„Eine Übertragung der alten Texte in das Sprachverständnis der heutigen Zeit“

René van Osten

Yì Jīng –
Das Buch vom Leben

Wegweiser zu einem Leben im Einklang

Gebundene Ausgabe: 600 Seiten
Windpferd Verlag
Preis: Euro 28

ISBN 978-3-89385-336-6

Aus der Reihe: Die Muster des Lebens in den Wandlungen des Yi Jing

René van Osten

Hexagramm 27 – Die Ernährung

Von der Quantität und der Qualität, dem rechten Maß und der Charakterpflege

Gebundene Ausgabe, 98 Seiten
ZhanDao Edition
im Synergia Verlag, Darmstadt
Preis: Euro 20,00

ISBN: 978-3-906873-442

Aus der Reihe: Die Muster des Lebens in den Wandlungen des Yi Jing

René van Osten

Hexagramm 42 – Die Mehrung

Vom Zugewinn durch Investition und dem Haben,
den Absichten und der Begünstigung

Gebundene Ausgabe, 102 Seiten
ZhanDao Edition
im Synergia Verlag, Darmstadt
Preis: Euro 20,00

ISBN: 978-3-907-246-153

Aus der Reihe: Die Muster des Lebens in den Wandlungen des Yi Jing

René van Osten

Hexagramm 51 – Die Erschütterung

Von der Ergriffenheit des Herzens,
den überraschenden Wendungen
und dem Erwachen zur Wirklichkeit

Gebundene Ausgabe, 108 Seiten
ZhanDao Edition
im Synergia Verlag, Darmstadt
Preis: Euro 20,00

ISBN: 978-3-907-246-405

Aus der Reihe: Die Muster des Lebens in den Wandlungen des Yì Jīng

René van Osten

Hexagramm 24 – Die Wiederkehr

Von der wieder erwachten Lebenskraft, der Umkehr zu sich selbst und den neuen Anläufen

Gebundene Ausgabe, 100 Seiten
ZhanDao Edition
im Synergia Verlag, Darmstadt
Preis: Euro 20,00

ISBN: 978-3-906873-06-0

Aus der Reihe: Die Muster des Lebens in den Wandlungen des Yi Jing

René van Osten

Hexagramm 8 – Das Zusammenhalten

Vom Anschluss finden, der Zugehörigkeit und der verbindenden Kraft der Anziehung

Gebundene Ausgabe, 88 Seiten
ZhanDao Edition
im Synergia Verlag, Darmstadt
Preis: Euro 20,00

ISBN: 978-3-906873-07-7

Aus der Reihe: Die Muster des Lebens in den Wandlungen des Yi Jing

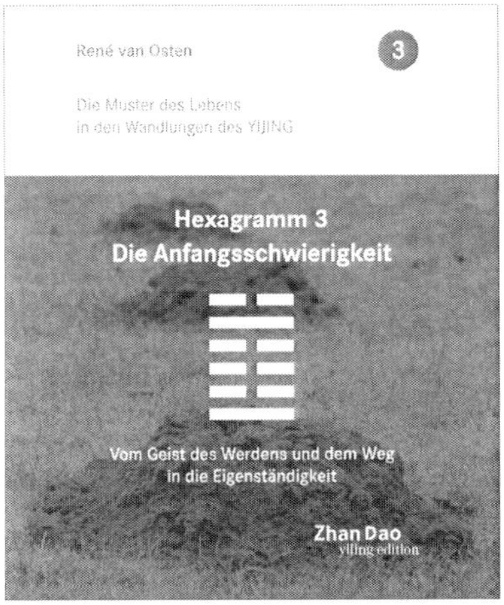

René van Osten

Hexagramm 3 – Die Anfangsschwierigkeit

Vom Geist des Werdens und dem Weg in die Eigenständigkeit

Gebundene Ausgabe, 102 Seiten
ZhanDao Edition
im Synergia Verlag, Darmstadt
Preis: Euro 20,00

ISBN: 978-3-906873-75-6

Aus der Reihe: Die Muster des Lebens in den Wandlungen des Yijing

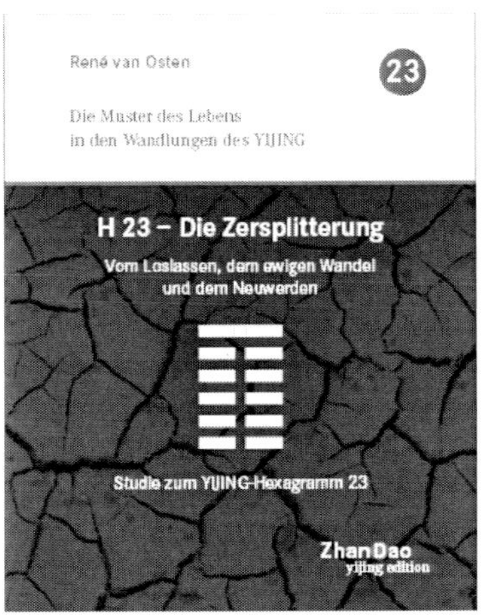

René van Osten

Hexagramm 23 – Die Zersplitterung

Vom Loslassen, dem ewigen Wandel
und dem Neuwerden

Gebundene Ausgabe, 88 Seiten
ZhanDao Edition
im Synergia Verlag, Darmstadt
Preis: Euro 20,00

ISBN: 978-3-906873-06-0

René van Osten

Der studierte Musiker und Musikpädagoge war viele Jahre als Profi auf den internationalen Bühnen der Welt zu Hause, bevor er 1986 seine „geistige Überlebensbasis Yì Jīng (I Ging)" in Buch- und Skriptform zu verfassen begann. Seit dieser Zeit ist er in bewegtem Einsatz, was dann 1993 zur Idee der „Muster des Lebens in den Wandlungen des Yì Jīng" führte.

Seit mehr als 40 Jahren widmet sich René van Osten dem Studium der Texte, der Trigramm- und Hexagrammstrukturen und der Wandlungen im Yì Jīng, dem Studium des Tao te king, der daoistischen Meditationspraktiken und der Verbindung von Yì Jīng und Traditioneller Chinesischer Medizin.

René van Osten ist Autor mehrerer Bücher sowie unzähliger Lehrskripte. Neben der fachlichen Leitung seiner im Jahre 2002 gegründeten „ZhanDao Akademie" ist er engagierter Kursleiter der von ihm entwickelten Ausbildungsreihen und Seminarzyklen in Deutschland, Österreich und der Schweiz.

Meine Intention

Mein ganzes Streben gilt der verständlichen und auf die Alltagsthematik des Menschseins ausgelegten Vermittlung der tiefen Weisheit des Yì Jīng.

Ich verstehe alle meine Kurse deshalb als kreative Anregung zur Selbstbestimmung und gleichzeitigen Schlüssel zur Erkenntnis übergeordneter Lebenszusammenhänge. Selbstbestimmt zu leben heißt: frei zu leben. Dazu ist das Yì Jīng mit seinen umfassenden Themenbildern in Wandlung hervorragend geeignet.

„Ein Instrument zu haben, dessen großes Wissen auf dem Fundament aller Bedingungen ruht, dessen Wahrheiten konsequent und tragfähig sind, gleichgültig ob für Ost oder West, das sich des Einzelnen in seinen Belangen annimmt und Lösungen bietet, die das Herz ebenso wie den Verstand und den praktischen Sinn berühren, ist Begeisterung pur."

- **Emil Hugo Gräfe: I Ging – Buch des Stetigen und der Wandlung**
  Gräfe Verlag, Oberstedten 1967
- **Frank Fiedeler: Yijing – Das Buch der Wandlungen**
  Eugen Diederichs Verlag, München 1999
- **Lama Govinda Anagarika: Die innere Struktur des I Ging**
  Aurum Verlag, Freiburg 1983; Neuaufl. im J. Kamphausen Verlag, Bielefeld 1993
- **Marguerite de Surany: I Ging und Kabbala**
  Hermann Bauer Verlag, 1997
- **Martin Schönberger: Weltformel I Ging und genetischer Code**
  Windpferd Verlag, Aitrang 2000
- **Maurice Mussat: Kurs der Energetik lebender Systeme am Beispiel der Akupunktur**, 3 Bände, VGM Verlag, Essen 1996
- **Peter Hans Offermann: Das alte chinesische Orakel- und Weisheitsbuch I Ging**, Walter Verlag, Olten 1976
- **Richard Wilhelm: I Ging – Das Buch der Wandlungen**
  Eugen Diederichs Verlag, Köln, Düsseldorf 1960 ff.
- **Dominique Hertzer: Das alte und das neue Yijing.** Die Wandlungen des Buches der Wandlungen. Eugen Diederichs Verlag, 1996
- **Eranos Yi Jing (I Ging). Das Buch der Wandlungen.** Rudolf Ritsema und Hansjakob Schneider. O. W. Barth Verlag (Januar 2001)

Kontakt

ZhanDao Akademie
Seminare | Vorträge | Beratung | Studium

Internet: www.zhandao.de
Email: akademie@zhandao.de
Büro +49 (0)7834 868 8316

Alle Bücher, Hörbücher und Musik zum Yi Jing von Rene van Osten unter:
www.zhandao-edition.de und
www.zhandao.de/edition/bücher

H	Hexagramm
Hé Tú	Früher Himmel (korrekte Pinyin-Schreibweise)
Ho Tu	Früher Himmel (westliche Schreibweise)
I Ging	Das Buch der Wandlungen (westliche Schreibweise)
Yì Jīng	Das Buch der Wandlungen (korrekte Pinyin-Schreibweise)
Linie	Ebene
Lingua-Hex-Code	Beschriftete Hexagrammcodierung. © by Rene van Osten
Lo Shu	Später Himmel (westliche Schreibweise)
Luó Shū	Später Himmel (korrekte Pinyin-Schreibweise)
UT	Unteres Trigramm
OT	Oberes Trigramm
UKT	Unteres Kerntrigramm
OKT	Oberes Kerntrigramm
IH	Inneres Hexagramm
UBT	Unteres Brückentrigramm
OBT	Oberes Brückentrigramm
BH	Brückenhexagramm, verbindet oben und unten oder innen und außen
UH	Umgekehrtes Hexagramm
PH	Polares Hexagramm
HT	Hé Tú, Hexagramm des frühen Himmels
LH	Linienhexagramm
Zeichen	Entspricht dem Hexagramm
ZhanDao	Schmaler (Berg)Pfad, Herberge